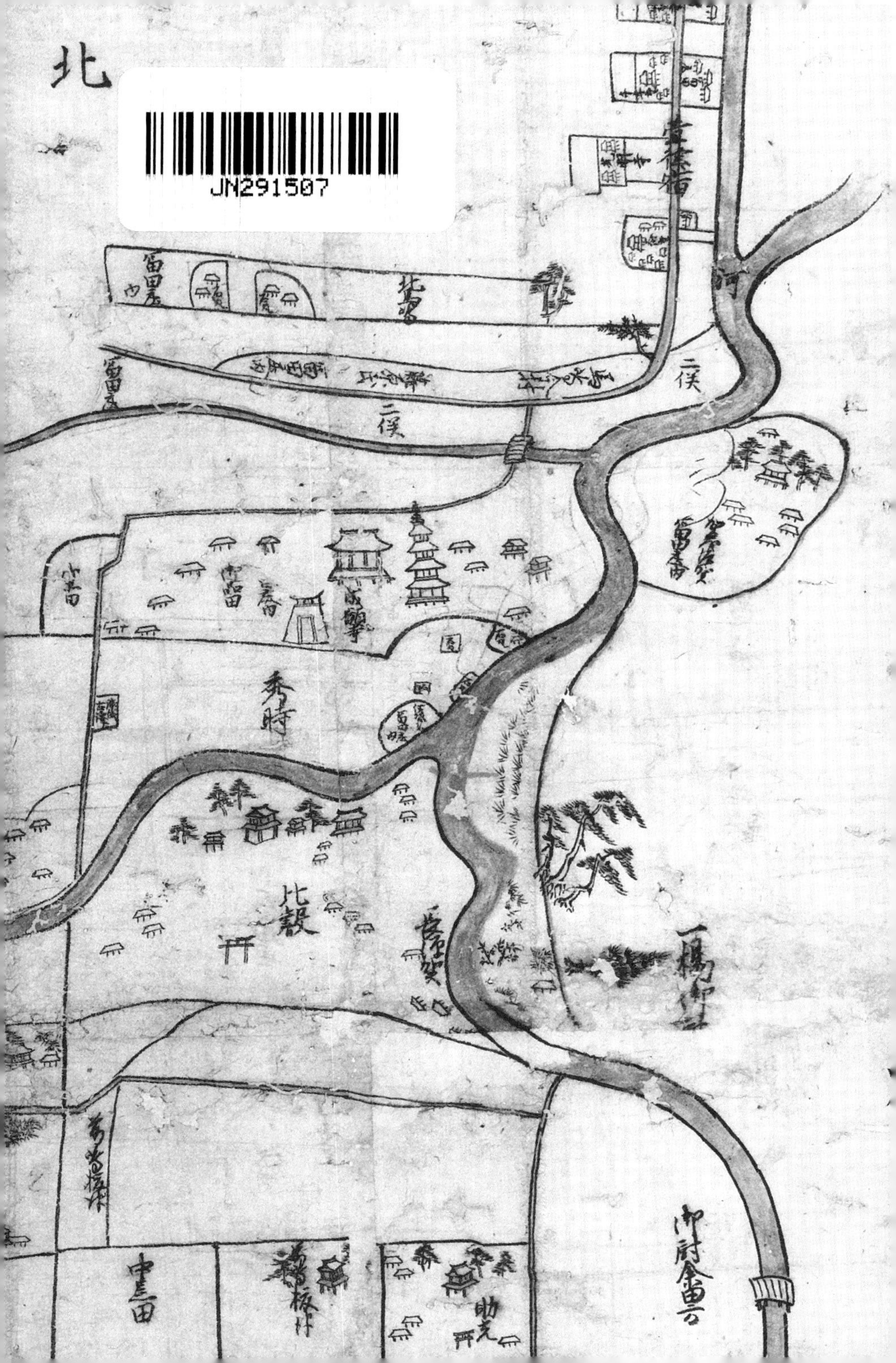
北
二俣
二俣
秀時
比叡

監修者――五味文彦／佐藤信／高埜利彦／宮地正人／吉田伸之

［カバー表写真］
弓を張る郎等
(『男衾三郎絵詞』)

［カバー裏写真］
犬追物をサポートする河原の者
(『犬追物図屏風』)

［扉写真］
「尾張国冨田荘絵図」

日本史リブレット24

武士と荘園支配

Hattori Hideo
服部英雄

目次

武士と荘園――1

①

山野河海――武具・兵士・分業――8

狩倉と皮革製品・武具／人吉荘狩倉と染革／皮染給と弓の課役／弓作と弦売／鹿狩り・鷹狩りの禁制／鷹栖・狩人・牧／檜楚(比曽)／紺灰／簗

②

流通体系の把握――33

市場在家／市日の騒擾／地頭の市場支配／津・倉敷・海上番役／九州随一の水軍・山鹿秀遠とその末裔

③

武士と河原の者――70

犬追物と河原の者／祭祀の場と「坂の者」「河原の者」――興行支配

④

佃と出挙――97

佃・正作の利点／佃・正作と井料・仏神田の併置

武士とはなにか――残された課題――103

武士と荘園

武士は武芸のスペシャリストである。

「弓馬《きゅうば》の道《みち》」とあるように、本書が扱う時代、中世・荘園制《しょうえんせい》時代の武士は、弓矢・刀の扱いに習熟し、そして馬をあやつった。弓矢はもともと狩猟《しゅりょう》の道具である。より遠くまで飛ぶ弓をもち、より遠くの獣を射る。その技術をもつ者が兵士になった。狩猟技術が武芸になった。

『平家物語《へいけものがたり》』（壇《だん》ノ《の》浦合戦《うらかっせん》）は、舳先《へさき》に立つ敵の眉間《みけん》を射抜いた浅利与一《あさりよいち》について、「二町が中を走る鹿をば、はづさず、強う射けるとぞ、聞こえし」とたたえている。現代競技での弓の遠矢（遠的）は、六〇メートル先の的を射る。すなわち三三間で半町強の距離である。二町（二一六メートル）以内の鹿なら逃すこと

なく射る弓は、その三倍の強さを誇るという。いかに強弓《ごうきゅう》かがわかるだろう。▲

武士は元来、狩人《かりうど》に始まったといえる。狩人たる本質は江戸時代になっても消えることはなかった。何代かごとに鷹狩《たかが》りを愛好する徳川《とくがわ》将軍があらわれたように。

狩人たる武士は、山の民、川の民である。ときに海の民でもあった。武芸は狩りのなかからでてくるが、個人的な力量にのみ、技能があったわけではない。強靭な弓、そしてそれに耐えうる弦《つる》があってこその技量だった。切れ味鋭く丈夫な刀、矢が的中してもダメージは受けずにすむ安全な鎧《よろい》・甲《かぶと》、もっとも速く、また長く走ることのできる馬……それらを生産し続けるシステムの排他的な独占、掌握が必要だった。

狩人たる武士は、殺生《せっしょう》を生業《なりわい》とした。殺生を業とする人間は、おそらくある種の人間からは、侮蔑され、差別された。たとえていえば、僧侶たちなど、殺生禁断を主張する集団からは、忌避《きひ》される存在だった。

山の民、川の民であって、被差別視・賤視もされたであろう武士。彼らは中世・近世を通じて、しだいに変質し、別物となったのか。それとも変わらぬ本

▼『平家物語』での弓の射程

八《や》嶋《しま》(屋島)で小兵の那須与一《なすのよいち》が射た、波にゆられる舟舳先の的は七段先だった。一段は六間ですなわち四二間、一間を六尺五寸で換算すれば八一・九メートル。一町と一段の距離である。本文の二町はとても遠い。壇ノ浦での和田義盛《わだよしもり》の矢、その矢を射返した仁井親清《にいちかきよ》、それを射殺した浅利与一の弓の射程距離について、『平家物語』は三町、三町余り、四町とした。海のなかでもあり、実際の数字は計測しづらかっただろう。誇張もあって、にわかに信じがたい。

荘園《しょうえん》制の本質は、権力者による私的土地所有である。天皇家および外戚《がいせき》(準天皇家)藤原《ふじわら》氏ほか権門による家産形成である。もちろん律令《りつりょう》的な秩序は浸透し、それに依拠する利権の構造もあったから、家産化は、やみくもにはできない。ふつう教科書・辞書では荘園の成立について「寄進地《きしんち》系荘園」なる概念で説明する。在地《ざいち》領主《りょうしゅ》(下司《げし》《げす》・地頭《じとう》)がその所領《しょりょう》を寄進することによって成立すると説明しているが、誤解をあたえやすい言葉・概念・説明である。寄進はみずからの所有するものしか対象にならない。それ以外のもの、他人の所有物・権益を寄進することはできない。在地領主がわずかな土地(荒野・開発地)を寄進すると、さらに上級領主が拡大された寄進を繰り返したと考えられるが、すべてが自身の所有物ではあるまい。「寄進」を口実にして広域の私領化が可能となっていったのは、一種のからくりだが、王朝国家による何らかの手続がとられたはずである。このとき、加納《かのう》・新庄《しんじょう》という形がとられることが多かった。たとえば筑前国粥田荘《ちくぜんのくにかいたのしょう》は本庄《ほんしょう》《ほんじょう》の八倍もの面積の加納(新庄)があった。複数の郡と二国におよぶ。郡司・国司よりも上級の権力意志が働いて立荘された(五一・六〇ページ参照)。天皇領は、普通は院御願寺《いんごがんじ》など寺院領の形をとるか、女院《にょいん》領として史料にあらわれる。天皇家が信仰する寺(庶民でいえば檀那寺《だんなでら》)に自身の所領を寄進した。御厨《みくりや》・御牧《みまき》など直接の私領(後院《ごいん》領)を拡大する方法もとられた。律令制も列島全体から貢納物を京送する仕組みであったが、荘園制では荘園領主が必要とする貢納物が、律令の仕組み(システム)をとおさずに、京都に搬入される仕組みをつくった。

質を内包し続けたのか。「武士と荘園支配」をテーマとする本書は、この点への関心、とりわけて山野河海また差別への視点をもちつつ、中世武士、そして荘園の世界を描いてみたい。

ただし初めにテーマと関連して、いくぶん言及・確認しておきたいことがある。

武士を分類すれば、鎌倉(殿)御家人《ごけにん》▲と、それ以外の者となる。鎌倉御家人であれば主人は「鎌倉殿▲」(将軍)である。それ以外の武士は、朝廷に仕えるか、あるいは天皇家・摂関家《せっかんけ》を主《あるじ》とし、その従者になっていた。兵衛府《ひょうえふ》▲、近衛府《このえふ》▲の武官、また北面《ほくめん》の武士▲とか滝口《たきぐち》▲、院武者所《いんのむしゃどころ》▲、摂関家大番舎人《おおばんとねり》▲といわれる武士である。朝廷の武官を鎌倉御家人がつとめることもあった。いずれにしても武士には鎌倉・京都などの勤務地、奉公先《ほうこうさき》があった。鎌倉幕府成立以前には、武士は、みやこ(京都)に勤務するか、国衙《こくが》▲や郡庁《ぐんちょう》▲に勤務した。国衙に勤務する者は在庁官人である。武士は軍事専門家・兵士・武芸者であるから、軍事情勢に応じて勤務地・配置ポジションはかわる。奉公は常時同じものではなく、勤務地もさまざまだった。鎌倉御家人の場合、役目に応じて守護所《しゅごしょ》での勤務であったり、

▶御家人　鎌倉幕府成立にあたって将軍と主従関係を結んだ者を御家人・鎌倉殿御家人・関東御家人などと呼んだ。

▶鎌倉殿　鎌倉幕府の首長《しゅちょう》。

▶兵衛府　大宝《たいほう》・養老令《ようろうりょう》に規定された衛府。中央常備軍。

▶近衛府　令外官《りょうげのかん》。禁中の警護・行幸の警備にあたった。

▶北面の武士　上皇《じょうこう》の身辺警護を職掌として、上皇御所の北面の詰所《つめしょ》に伺候《しこう》した武士。

▶滝口　平安《へいあん》中期以降の天皇近《きん》侍《じ》の武力。内裏《だいり》清涼殿《せいりょうでん》の滝口に詰めた武者。

▶院武者所　御所《ごしょ》や上皇自身の警護にあたった武者。

▶大番舎人　平安中期ごろから摂関家の大番役をつとめた者。

▶国衙　国の役所。

▶郡庁　郡の役所。

異国警固《いこくけいご》であったり、海上番役《ばんやく》だったりした。京都大《おお》番役は内裏《だいり》の警護で、鎌倉幕府の成立前から存在したが、幕府成立後には鎌倉御家人がつとめるところとなった。奉公先があるのと同時に、御家人は各地に所領をもっていた。奉公に対する給付は、所領支配による得分《とくぶん》があてられた。大番役の費用は、「大番雑事」として荘民《しょうみん》に賦課された。

武士は所領を離れて勤務地近くに居住したが、所領支配のために一族や家人《けにん》(家来)を所領に派遣していた。勤務地が所領に近ければ所領の館から通勤できたが、普通は勤務地に宿所を構えて、非番のときに所領に戻った。荘園が勤務地となるのは、荘園内の地頭《じとう》▲、下司《げし》《げす》・公文《くもん》▲、押領使《おうりょうし》▲などに補任されている場合だが、多くはほかにも勤務地があった。

武士を「在地領主《ざいちりょうしゅ》」と表現することも多い。まちがいなく在地は支配するが、領主が在地を離れていることもある。「武士と荘園支配」という場合、その支配は武士の惣領《そうりょう》▲個人による支配ではなく、組織としての武士団による支配を意味している。組織体(カンパニー、会社、商社)たる武士団である。関東裁許状《かんとうさいきょじょう》・六波羅《ろくはら》裁許状▲には地頭(正員)の名前のほかに代官《だいかん》の名前が記される。代官は訴

▼**地頭**　平安末期から鎌倉時代末までを中心に、荘園や公領《こうりょう》の現地を支配した職。年貢収納・警察を職掌した。

▼**下司・公文**　荘園の現地で荘務を執行する荘官《しょうかん》で、地頭と同様に年貢《ねんぐ》・公事《くじ》・夫役《ぶやく》の徴納にあたった。

▼**押領使**　十世紀以降、諸国・荘園におかれた凶党の追捕《ついぶ》機関。

▼**惣領**　中世武家社会において、「家」の継承者として財産の主要部分を相続した子を惣領、それ以外の子を庶子といった。

▼**関東裁許状・六波羅裁許状**　鎌倉幕府と六波羅探題からだされた裁判の判決文。

訟の専門家でもあるが、そもそも荘園現地には代官しかいなかった。地頭本人(正員)が鎌倉在住であれば、代官(地頭代)でなければ訴訟の当事者になることはできなかっただろう。代官を立てていないケースでは、地頭正員が在地にいた、すなわち荘園現地に赴任していた可能性も考えうる。惣領・庶子《しょし》の相論《そうろん》で、庶子の側が代官を立てないケースなどがしだいにふえる。幕府も御家人すべてを勤務地に配置する必要はなかった。庶子家が多数輩出されれば、待機する武士(予備役兵)がふえる。幕府は惣領を把握し、惣領は庶子を統轄した。庶子は幕府に命じられた勤務地は直接もたない。そうした武士は荘園現地に下向したことだろう。この時期、惣庶相論が多い。一族は一枚岩どころか、四分五裂のようにみえる。しかし実際には一族全体の統制が厳然と存在していて、外からも一族として認識されたし、内にもまとまりを有していた(一〇四ページ参照)。

武士は、自分の財産を譲状に記した。また利権争いになると裁判が行われた。訴状(告訴状)・陳状(抗弁書)・裁許状(判決)という史料が残されている。それらを検討することによって、文字資(史)料に残された、彼らの利権を明らかにすることができる。地頭一族内の争いなら、そこに記された論点が武士団たる地頭一

▼**雑掌**　年貢や公事の収納や訴訟手続を行った。代官。

▼**相論の論点**　仁治《にんじ》元（一二四〇）年閏十月十一日の安芸国都宇《つう》・竹原《たけはら》両荘の論点。
「一地頭、公文、惣検校《そうけんぎょう》、田所《たどころ》など限りある得分《とくぶん》の外、神田《じんでん》を押《おう》領《りょう》する由《よし》の事、一下司職の事、一公文職の事、一惣追捕使《ついぶし》職の事、一河の事、一山の事、一預所《あずかりどころ》末宗申す、地頭代のために百姓を損亡せらるる由の事、一両庄地頭職の事」。

文永《ぶんえい》三（一二六六）年四月九日の小早川竹王丸《たけおうまる》（庶子）と茂平（本仏・惣領）代重兼《しげかね》との相論での論点。

「一安芸国沼田新庄惣地頭職の

族の利権である。荘園にはいった地頭が、領家《りょうけ》方の雑掌《ざっしょう》▲に訴えられるケースも多い。領家対地頭の相論なら、書かれた論点は、境界域にあるファジーな利権ではあるが、地頭側が把握しつつあるものだった。本書はそうした諸論点についての検討を行うが、以下、①山野河海、②流通（市場《いちば》・津《つ》）、③被差別民（河原《かわら》の者）・検断《けんだん》（治安警察）、④佃《つくだ》と出挙《すいこ》（直営田経営）の各項目を立て、またそれらをキーワードとして、中世武士団の世界を明らかにしていきたい。

まず、はじめに山野河海で繰り広げられた利権争いをみたい。頭注に示したのは相論における論点のいくつかの例だが、「狩猟」「山野河浜」あるいは「検断」「市津」の利権が、しばしば争いになった▲。

事、一新庄内成富名の事、一京都官仕ならびに傍官上司の事、一比曽三千支の事、一紺灰の事、一塩入堤人夫の事、一狩人の事、一鷹栖の事、一牧垣の事、一関東御公事支配の事、一本仏（茂平）惣公文たるや否やの事、一検断の事、一相摸国成田《なりた》内北成田郷鶴丸《つるまる》名の事（中欠）、一竹王丸本奉行人《ぶぎょうにん》を閣《さしお》き、御教書《みぎょうしょ》を掠《かす》め給わる由の事」。

弘安《こうあん》十（一二八七）年四月十九日備前国長田荘の論点。（　）内は二通の相論のうち一通にのみ加わるもの。

「一荘官職、一検断、一狩猟（狩猟并賀《か》茂《も》郷小河漁）（一本田畠混合新田畠由事）」。

元亨《げんこう》三（一三二三）年五月十二日金岡東荘の論点。

「一惣庄下地、一本田畠、一屋敷在家、一寺社免田畠、一井料河堰堤、一新田畠、一同在家、一山野河浜、一市津」。

①山野河海——武具・兵士・分業

狩倉と皮革製品・武具

武士は弓矢の操作に習熟する。狩猟《しゅりょう》に堪能であることは、合戦《かっせん》・戦闘の技量が優れていることに同じだった。狩りは重要な軍事訓練でもあった。武芸の一つ、犬追物《いぬおうもの》▲も追物射《おものい》《おうものい》であって、やはり狩りの一形態である。狩猟での追物射の標的は、犬ではなく大型の動物で、合戦では人間が標的となった。武士の集団的な狩りとして著名なものに、信濃国《しなののくに》諏訪社《すわしゃ》御射山《みさやま》、駿河《するが》富士野《ふじの》・伊豆《いず》あるいは那須野《なすの》の巻狩《まきが》り▲がある。各地頭《じとう》たちもそれぞれの荘園《しょうえん》に狩倉《かりくら》をもっていた。

狩倉とは領主《りょうしゅ》(地頭)が狩猟をするための山で、そこでは一般の農民、名田《みょうでん》百姓《ひゃくしょう》▲が狩りをすることは禁じられる。禁猟区なのだが、今日的な意味での禁猟区と異なるのは、領主にとっては猟区で、領主自身はいつでも狩猟ができたということである。領主が狩りをするときに、すでに一般の人びとが何度も何度も狩りをしていて、動物がみな逃げてしまっていては具合が悪い。そのために設定された禁猟区だった。

▼**犬追物**　馬場に犬を放って標的にする。停止した馬上から射るか、または騎馬で追いかけ、響目《ひきめ》矢《や》(鏑《かぶら》のついた矢)で射つ武芸(七八・七九ページ図版参照)。

▼**巻狩り**　遊興と軍事訓練をかね、鹿や猪などが生息する狩場を多人数で四方から取り囲み、囲いを縮めながら獲物を追いつめて射止める大規模な狩猟。

▼**名田百姓**　荘園や国衙領で年貢・公事徴収単位としての名に編成された田地の百姓。

木の実が豊富で、隠れ家も多く、昔から動物たちの宝庫であった場所……そんな場所は狩人《かりうど》なら誰しも確保しておきたい。そうした良好な狩り場が、まず地頭の「狩倉」として選定・占有された。安芸《あき》国可部荘《かべのしょう》▲東方には二〇余カ所の狩倉があった。隣接する三入荘《みいり》▲にも広大な狩蔵《かりくら》山があった（熊谷家《くまがやけ》文書）。

人吉荘狩倉と染革

肥後《ひご》国人吉荘《ひとよしのしょう》▲の狩倉山は「狩倉」分が二〇カ所、「立目《たちめ》▲」が二カ所、そして「夏狩倉《がくら》」が七カ所設定されていた（相良家《さがらけ》文書）。夏狩倉と狩倉の所在地名がそれぞれ区別して書き上げられている。夏狩倉と狩倉の双方に一致する地名はなく、場所は重ならない。両者は別々だった。狩りは普通冬に行う。冬は葉も落ちて見通しがよく、動物をみつけやすい。動物も寒さに備えて皮も肉も厚くなっている。矢も枝や葉にじゃまされない。猟は冬こそ最適である。逆に夏すなわち旧暦の四月・五月・六月は木の葉が生いしげり、見通しが悪く、動物は隠れやすい。弓を射るにしても木にじゃまをされがちだ。しかし信濃国諏訪社御射山の神事は五月会《ごがつえ》《さつきえ》だった。著名な一一九三（建久《けんきゅう》四）年の富士野の巻狩りは五月初

▼**可部荘**　現広島市安佐北区付近。

▼**三入荘**　現広島市安佐北区付近。

▼**人吉荘**　現熊本県人吉市付近。

▼**立目**　立目が所在する地名は高栗栖（たかくるすヵ）、倶留美野（くるみのヵ）である。おそらくクリやクルミなどの木の実の豊富な林だった。

●——鹿の皮なめし（『粉河寺縁起』）　次ページにみえる皮が夏皮で鹿子斑がある。

旬のことで、「夏狩り」と呼ばれている。

夏かり（狩）のせこ（勢子）▲が入る野に立つ鹿は、秋よりさきに　ねをや鳴くらむ
かのこまだらよ　かのこおどりよ　夏かりに　いられぬるこそ　いたからめ

夏の狩りにでてくる動物はみな鹿である。鹿は小鹿や夏鹿に白斑があらわれる。それが鹿子斑《かのこまだら》で、その皮をとるのが夏狩りだった。冬鹿ではこの白斑が消えている。

説話集『打聞集《うちぎきしゅう》』の裏文書（一一〇七〈嘉承《かしょう》二〉年）に、「夏毛行縢《むかばき》一腰　直五疋　冬毛行縢一腰　直三疋」とあって、行縢▲の場合、冬毛と夏毛では値段にもおよそ倍に近い差があった。鹿皮にもファッション性があって、夏皮が優れていた。

一方、夏狩倉ではない普通の狩倉からは、冬鹿が捕獲された。備中国新見荘《にいみ》の史料に「鹿白皮一枚百十二文」とあり、室町末期の宣教師が作成した『日葡辞書《にっぽじしょ》』に「シラカワ Xiracaua　鞣《なめ》した鹿皮で、黒っぽい色ではないもの、またはいぶしてないもの」とある。鹿白皮は一次加工の鹿皮革をさした。これを二次加工したものが、染革である。鞣しには長期に保存された牛などの脳漿《のうしょう》を使用

した。独特の異臭があり、皮革製造に携わる人びとが差別された理由の一つとされている。

人吉荘では在家《ざいけ》のなかに皮古《かわご》造薗《つくりその》があった。皮古は皮籠《かわご》と考えられる。皮を張った籠で、皮革製品である。また一二六〇(正元《しょうげん》二)年荘内の経徳《けいとく》常楽《じょうらく》名に対して「染革陸枚《ろくまい》(六)半」が雑物夏物として賦課されている。これらの革は鹿革ないし牛革・馬革であろう。人吉荘の狩倉で毎夏冬に捕獲される鹿皮も、当然に原材料になった。

室町《むろまち》時代になってからは、相良氏はたびたび足利《あしかが》将軍に「面革《おもてがわ》百枚」、また大《おお》内《うち》氏や大友《おおとも》氏に「表革《おもてがわ》」や「藍革《あいかわ》」を献上している。染革は近世にも人吉や八代《やつしろ》の特産品だった。

人吉荘の場合、近世人吉藩にも狩倉《かくら》山の制度が継承され、一部は今も残っている。「御鹿倉山《おかくら》」と呼ばれる山がそれで、たとえば人吉市間《あいだ》にあるそれは、今も立入りが厳しく制限された山として、周囲に知られている。そこは動物(鹿・猪)の数も多く、縄文《じょうもん》時代の石鏃《せきぞく》も出土する。

▼勢子　狩場で獲物となる鳥獣を狩人の待つ囲いや罠《わな》などへかりたて、追い込む人夫。

▼行縢　鹿皮でできた騎馬時の下半身用の装具。旅行にも用い、防雨・防寒になる。

皮染給と弓の課役

安芸国沼田荘《ぬたのしょう》▲の建長《けんちょう》四(一二五二)年本庄方《ほんしょうがた》《ほんじょう》・検注《けんちゅう》▲目録《もくろく》に記された人給は一四丁八反で、内訳は地頭給一二丁、公文《くもん》二丁、白皮造給《しらかわづくりきゅう》三反、皮染給《かわぞめきゅう》五反となっている。また新庄方《しんじょうがた》仁治《にんじ》二(一二四一)年検注目録にみる椋梨子《むくなし》村・除《じょ》田《でん》▲中の人給は三丁七反六〇歩で、内訳は預所《あずかりどころ》給一丁二反半、地頭給一丁四反大、公文給五反、草(革)染給五反となっている。白皮造・皮(革)染に対し、給分があたえられていた。椋梨子村の場合は公文給と同じ広さがあった。白皮が一次加工、皮染が二次加工であることはみた。一四四三(嘉吉《かきつ》三)年には領内の皮細工もみえる。

この検注目録によると、椋梨子村・除田には宿人田《しゅくにんでん》六丁半があり、それには不作《ふさく》と見作《げんさく》▲があり、見作田(現作田《げんさく》)四丁五反には「分弓取八十帳」がかかり、それは地頭得分《とくぶん》三二帳、預所分一六帳、公物分三二帳(領家分《りょうけ》)に配分された。同じく新庄内の乃良《のら》(能良)には、宿人田四丁九反三〇〇歩があり、見作二丁三反半に「分弓三十六帳」がかかり、内訳は地頭分一七帳、頭(預)所分二帳、公物分一七帳(領家分)となっている。除田の扱いではあるが、代替に反別一・五から一・

▼**沼田荘**　現広島県三原《みはら》市本郷《ほんごう》町付近。

▼**検注**　中世の土地調査。官物《かんもつ》免除の対象となる私領の設定や荘園の設立時に行われる立券《りっけん》検注と、領主の代替りなどに際して行われる正《しょう》検注、作柄調査のための内《ない》検注があった。

▼**除田**　ふつうの年貢がかからない田。その分特別の用途にあてられるものが給田。

▼**不作と見作**　田はあるが耕作されていないもの、耕作できないものが不作、見作は現作と同じで、収穫のあった田。

七帳の弓の賦課があった。多くの村のなかで、この二村にのみ賦課がかかったのは、弓が特産だったからであろう。

弓作と弦売

弓も、弓の弦《つる》も、制作過程で膠《にかわ》を使った。「七十一番職人歌合」の弓作に、

此弓は弦を嫌はんずるぞ　にべおり　大事なるべき

とある。にべ(鰾膠)は膠である。『和漢三才図会《わかんさんさいずえ》』に「工匠、弓人ノ必要物トナス」とある。鎌倉時代の弓は、単木ではなく合わせ弓だった。木と竹を膠で貼り、糸でまきしめる。漆《うるし》を塗って籐《とう》でまいた。こうして単木の弓よりも強い弓をつくった。強い弓には強い弦がいる。弦も、膠を使って糸を強化する。弦を扱う者は、差別された存在が多かった。「弦召《つるめそ》」「弦売」「弦指」などがそれである。『犬筑波集《いぬつくばしゅう》』▲に、「坂のもの　内野の茶屋に　腰かけて　じんぎくわんす(鑵子)の　つるやめされん」とあるように、また『叡福寺月行事日記《えいふくじつきぎょうじにっき》』応永年中旧記《おうえいねんじゅうきゅうき》に「弓弦は夙《しゅく》者、かくるなり」とあるように、坂《さか》の者・夙の者▲の仕事だった。なおこの史料には、続いて「皮的《まと》、穢多《えた》これを張る」と記されている。戦国期以降、「つる

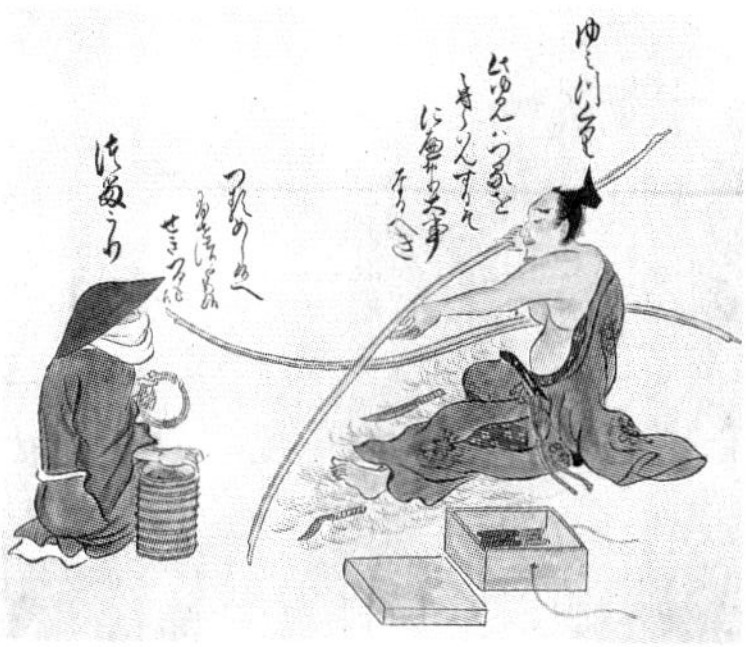

●──「七十一番職人歌合」弓作と弦売

▼『犬筑波集』　室町時代の俳諧《はいかい》句集。宗鑑《そうかん》撰。一五三〇(享禄《きょうろく》三)年前後の成立。

▼坂の者・夙の者　坂の下や宿のはずれに住んだことから、そう呼ばれた。差別された人びとをさす。国の名前で呼ばれることが多かった。

めそ」とも呼ばれた京都祇園社《ぎおんしゃ》犬神人《いぬじにん》▲の居住区域は、「弓矢町」と呼ばれている。『政基公旅引付《まさもとこうたびひきつけ》』▲『九条家歴世記録《くじょうけれきせいきろく》』に、京都の「笠鞭《かさむち》」あるいは「絃懸《つるがけ》」が、絃(弦)五張を和泉《いずみ》国入山田《いりやまだ》まで持参した記事や、京都における彼らの係争の記録がある。国の名を名乗る笠鞭の「加賀《かが》」「越後《えちご》」「筑後《ちくご》」らは差別された存在である「宿《しゅく》者《もの》」であった。

膠は「煮皮《にかわ》」で、魚、鹿、牛の皮、腱《けん》から生産される。魚膠よりは獣膠のほうが優れているとされる。皮革生産過程での産物である。沼田荘椋梨子・乃良のような内陸の村では獣膠を使っただろう。宿人《しゅくにん》については交通関係、宿にかかわる人ということになるが、宿を夙と考える研究者もいて、宿人田は夙人田の意として解釈されている。さきの笠鞭が「宿者」であったように、夙(宿)は近畿では差別された人の村をいった。宿全体をいうのではなく、その一部、はずれにあった非人宿が語源と思われる。宿人の存在と、新庄内の革染給の設置は関連があるだろう。沼田荘では白皮造も革染も、また宿人も広い給田・除田をあたえられていた。裕福であり、高度な技術者として厚遇され、招請されていた。のちの時代の冷酷な差別は、記述のかぎりではうかがえない。地頭は「公物《くもつ》」

▼**犬神人**　中世、畿内《きない》近国の大寺社に隷属したもっとも下級の神人。寺社境内の清掃や警固、検断の使者など多くの力役・雑役をつとめた。差別された存在である。

▼**『政基公旅引付』**　十六世紀初期、前関白《さきのかんぱく》九条《くじょう》政基《まさもと》が家領《けりょう》の和泉国日根野荘《ひねのしょう》で直務《じきむ》を行ったときの日記。

(年貢《ねんぐ》・公事《くじ》)として制作される弓のうち、椋梨子では全体の五分の二を、乃良では半分弱を自己への貢納物とする仕組みをつくりあげていた。一二八七(弘《こう》安《あん》十)年、さきの相良氏の所領であった豊前《ぶぜん》国上毛《こうげ》《かみつけ》郡成恒《なりつね》名▲にも「弓細工丈夫三郎作薗」があった。一三〇三(乾元《けんげん》二)年前後の豊後《ぶんご》国阿南《あなみ》《あなん》荘▲松富《まつとみ》名にも「ゆミさいく」がいた。皮革は鎧《よろい》をはじめとする武具の材料である。狩倉→白皮造→弓細工というサイクルがあって、武器はこの過程のなかで、「白皮造」「細工」に携わる人が生産した。むろん武士はそこに深くかかわった。

一二九六(永仁《えいにん》四)年、あるいは一三四六(貞和《じょうわ》二)年の筑前《ちくぜん》国粥田《かいた》荘▲の給田にも「皮染」、「革染」(「草染」)、あるいは「鍛治《かじ》」(「加治」)がみえている。後者は刀鍛治であろう。

鹿狩り・鷹狩りの禁制

武士は狩倉を所有し、限定された領域内で狩猟をしたように思うが、現実には動物を追って、神社領の山などで狩猟を行うこともあった。一一八五(元暦《げんりゃく》二)年、源頼朝《みなもとのよりとも》は河内《かわち》国天野寺《あまのでら》▲(金剛寺《こんごうじ》)に対し、「山狩幷《ならびに》材木切取」の禁制《きんぜい》《きんせい》をだ

▼上毛郡成恒名　現福岡県築《ちく》上《じょう》郡上毛町のうち旧新吉富《しんよしとみ》村。

▼阿南荘　現大分県由布《ゆふ》市のうち旧挾間《はざま》町・庄内《しょうない》町一帯。

▼粥田荘　現福岡県直方《のおがた》市・飯《いい》塚《づか》市のうち旧頴田《かいた》町・宮若《みやわか》市のうち旧宮田《みやた》町一帯。

▼天野寺　現大阪府河内長野《かわちながの》市。

した。諸方よりきた御家人《ごけにん》と称する者が、連日鹿狩《しかが》りをすること、および山林をことごとく切り取ろうとすることを禁じたのである。備前《びぜん》国金山観音寺《かなやまかんのんじ》領の四至《しいし》内でも、「武士幷甲乙人等」が狩猟・狼藉《ろうぜき》、また樹木を伐枯することを禁じた関東下知状《かんとうげちじょう》▲がしばしばだされており、一二七六(建治《けんじ》二)年には再確認の六波《ろくは》羅《ら》施行《しぎょう》《せぎょう》状《じょう》▲がだされた。一三二三(元亨《げんこう》三)年にもふたたび六波羅禁制がだされている。そこには「近年甲乙人等、動《やや》もすれば乗馬して寺中を横行、領内を放鷹し狩猟す」とある。原野ということで、鷹狩《たかが》りが行われていた。寺社域は殺《せっ》生禁断《しょうきんだん》だから、紛争が発生する。『石山寺縁起絵《いしやまでらえんぎえ》』に殺生禁断地である宇治川《うじがわ》(瀬田川)沿いの山中で、鹿狩りなどをする集団をめぐってトラブルとなるようす、関連して宇治川に設けられた簗《やな》(梁《やな》)を撤去する人たちの姿が描かれている(一二九ページ図版参照)。また一二一五(建保《けんぽ》三)年、続いて一八(同六)年に、高野《こうや》山奥《さんおく》の院《いん》周辺で鹿を射て皮を剝《は》ぐ事件も起きた。吉野山《よしのやま》執行の指示を受けた野《の》川《がわ》住人の行為だとして、高野山が訴えている。

さきに相論《そうろん》で「狩猟」「山野」が争われるケースが多いとした。多くの神領山野では集中的な土地利用は小規模で、野性的な環境のままに動物が多くいた。動

▼**関東下知状**　鎌倉幕府からだされた下文《くだしぶみ》と御教書《みぎょうしょ》の中間的形式の命令書。

▼**六波羅施行状**　六波羅探題の下知(命令)を守護らに伝える文書。

物は無主物であろうが、山野は各人それぞれの目的に応じた利用採取(果実栽培・焼畑耕作ほか)が行われており、狩猟を許容できないことも多かった。

鷹栖・狩人・牧

山野の利用のうち、もっとも厳格に自然条件を保護したのは鷹栖山《たかのす》・鷲巣山《わしのす》であった。鷹狩用の鷹は古代以来の文献にみえている。鷹は上昇気流のある岩場、餌になる小動物の多くいる山を好んで巣をかけた。鷹巣のある場所、鷹の多く住む山は決まっている。人はつがいの鷹を飼育して産卵・繁殖させる技術をもたなかった。巣鷹《すだか》(幼鳥)を捕えて飼育した。この方法以外には人に慣れた鷹を飼うことはむずかしく、成鳥を捕獲しても野生に逃げ帰るだけだった。巣鷹は貴重な価値をもち、鷹巣がかけられる場所は、生息環境を保全する必要があった。鷹栖という地名は越後国奥山荘《おくやま》▲・大隅国《おおすみ》禰寝院《ねじめ》▲などの中世史料にみえるし、地名でいえばすこぶる多い。

医心方《いしんほう》紙背文書《しはいもんじょ》にみる一一二七(大治《だいじ》二)年の加賀国事に、「国領鷲巣事」とみえる。この場合の鷲は大型の鷹、クマタカをさす。鷲巣山は国衙《こくが》にとって重要

▼奥山荘　現新潟県胎内市《たいない》のうち旧中条町《なかじょう》・黒川村《くろかわ》付近。

▼禰寝院　現鹿児島県肝属郡《きもつき》南《みなみ》大隅町《おおすみ》のうち旧根占町《ねじめ》付近。

な支配地だった。

『今昔物語集《こんじゃくものがたりしゅう》』▲での源満仲《みつなか》は、家《いえ》の子《こ》・郎等《ろうとう》(党)▲とともに、鹿を狩り、鷹を使った。『一遍上人絵伝《いっぺんしょうにんえでん》』にみる筑前の武士館には、止まり木にいる大きな鷹が描かれている(次ページ図版参照)。一三二二(元亨二)年、領家方の地頭として上京していた備前国竹原《たけはら》▲郷・根岸季兼《ねぎしすえかね》は「弓馬《きゅうば》に堪能ならびに無双の鷹飼」という技能から、仙洞《せんとう》(院御所《いんのごしょ》)に伺候《しこう》する。鷹を使うことは弓馬の操作と同格だった。『古《こ》今著聞集《こんちょもんじゅう》』▲に摂津《せっつ》国岐志《きし》荘▲住人左近将監《さこんのしょうげん》が「くまだか」を飼育していた例がみえる。同じく『古今著聞集』に動物飼いの名人で、都鳥《みやこどり》の飼育にも堪能だった小田河美作守茂平《みまさかのかみしげひら》の名がみえる。沼田荘惣《そう》地頭・美作前司《ぜんじ》小早川《こばやかわ》茂平のことである。

一二六六(文永《ぶんえい》三)年、沼田荘の小早川氏嫡流(茂平)と庶流(国平《くにひら》)のあいだで相論が起きた。論点の一つが鷹栖(鷹巣)だった。茂平も国平も、鷹栖からの鷹雛《たかひな》を育成していた。

武士は鹿狩り・鷹狩りを業とした。鷹狩りでは、鷹そして鷹から逃げようとする獲物によって動きが決まるから、人間のつくった境界は無視されやすい。

▼**『今昔物語集』**　平安後期の説話集。編者未詳。

▼**家の子・郎等(党)**　中世武士団の構成員。一族の長《ちょう》である惣領に対し、同族的な関係から軍事的指揮下にはいっている一族の庶子を家の子と呼び、主従的な関係から軍事的指揮下にはいっている従者を郎等(党)と呼んだ。

▼**竹原**　今の岡山市か。

▼**『古今著聞集』**　鎌倉中期の説話集。二〇巻。橘成季《たちばなのなりすえ》編著。一二五四(建長六)年成立。

▼**岐志荘**　摂津には島下《しましも》郡吉志《きし》荘(今の大阪府吹田《すいた》市)と有馬郡貴《き》志《し》荘(今の兵庫県三田《さんだ》市)があった。そのいずれか。

●——**鷹を飼う武士の家**　上＝『一遍上人絵伝』。屋外の鷹，犬もいる。猟犬・番犬であろう。筑前国麻生氏の遠賀郡芦屋館とする説がある。下＝『春日権現験記絵』。屋内の鷹，やはり犬が飼われている。

一一八七(文治《ぶんじ》三)年、周防《すおう》国在庁官人《ざいちょうかんじん》▲は地頭筑前家重《いえしげ》の行為を「農業の最中に人民を駆り集めて、城郭を掘り営ましめ、鹿狩・鷹狩をもって業となして、さらに院宣《いんぜん》を恐れず」と非難した。鎌倉幕府は鷹狩りの禁令をしばしばだしているが、それはさきの金山寺領と同じようなケースが多かったことを示している。禁令ではあったが神社供税《くぜい》・諸社贄《にえ》は除外されている。諏訪御射山は五月会であり、富士巻狩りでも山の神への矢口祭《やのくちまつり》が行われる。狩りは神供《しんぐ》・祭祀として行われる。禁令はでても、これらは適用除外だったから、鷹狩りは盛行した。

鷹飼は武芸に必要で、狩倉山とともに、鷹巣山は武士に不可欠の山だった。近世初期の事例になるが、一六一二(慶長《けいちょう》十七)年仙石秀久《せんごくひでひさ》黒印状《こくいんじょう》▲によると、信濃《しなの》国佐久《さく》郡南阿江木《みなみあえき》(現南佐久郡南相木《あいき》村)の鷹巣山に八人、北阿江木山に八人、小海《こうみ》に一人、各「鷹見」役が配置され、幼鳥が巣にいる期間、三月二十日より五月晦日までの七〇日間にわたり、各人に「壱人半」宛の扶持米が支給された(北相木村・木次嘉三郎《きつぎかさぶろう》氏文書)。留山《とめやま》(入山禁止の山)だったから発見者への褒美《ほうび》という方式にはできない。そこで村人に日々の臨時俸禄《ほうろく》をあたえた。ここでは巣鷹の確保をめざし、厳重な体制がとられているが、鎌倉時代の鷹巣山管理も同様

▼**在庁官人**　平安中期〜鎌倉時代に、国衙行政の実務にあたった現地の役人の総称。

▼**黒印状**　黒い印判を押した命令書。朱印であれば朱印状となる。

だったと考えられる。

鷹は生き物である。鷹を飼う仕事のうち、もっとも主要なものは餌をあたえることである。鷹は肉しか食べなかった。平城宮《へいじょうきゅう》出土木簡《もっかん》に、伊賀《いが》国から鼠《ねずみ》を献上したとある。鷹飼のため主鷹司《しゅようし》へ送られた。動く餌がベストだが、労力がかかりすぎた。近世水戸藩《みとはん》の場合、「鷲一連(大型の鷹一羽)」に、一年間で「大犬九十疋、子犬三十四疋」を計上した。中世にも犬の肉やニワトリが用いられただろう。鷹匠《たかしょう》には餌取《えとり》がいた。餌取のことばには差別のニュアンスがあり、エタのような差別語の語源を説く際によく引用される。室内で飼われる鷹が『春日権現験記絵《かすがごんげんげんきえ》』にみえる(一九ページ図版参照)。武士団構成員のなかには鷹に餌をあたえる人物が含まれていた。のちの時代に、賤視の対象になったであろう人びとが、中世武士団の構成員には確実に含まれていた。

なお文永三年小早川相論では鷹栖(鷹巣)が論点だったが、ならんで「一　狩人、一　牧垣《まきかき》」も箇条書きされている。狩猟の技能者も、馬を飼う牧も武士の支配対象であり、所有物であった。

檜楚(比曽)

鷹巣を争ったこの相論条項には、ほかにも山の利用に関するものが多い。「比《ひ》曽《そ》三千支事」が争われた。檜皮《ひわだ》を比皮と書く例があるから、比は檜《ひのき》であろう。文中にも「檜」を禁制せしむとある。檜の伐採が禁止されていた。「比曽」は檜材と同義とみたい。「比曽」(檜楚)は「支」(＝枝)という数量単位で数えられる事例が多い▲。「支」で数えられる「比曽」は長さがあった。「三千支」は「令㆑下㆓沼田河㆒」とある。訴人の新荘地頭小早川国平は杣山《そまやま》▲の檜材を伐りとって、これを借上人《かしあげにん》にあたえた、つまり売却したという。

播磨《はりま》国円教寺《えんきょうじ》▲にある古記録(「捃拾集《くんしゅうしゅう》」▲)に一三六〇(延文《えんぶん》五)年の記録がある。それによれば円教寺の塔再建にあたり、熊野から取り寄せた心柱材に節が多くあったため、改めて九輪《くりん》▲分長さ八丈の柱材を引原《ひきはら》から揖保《いぼ》川を使ってくだしたが、「時に河瀬関は五町三丁(ごとに)下るの間、数日を送る」、少しずつ堰《せき》をつくって、水を貯めながらくだした。しかし雨がふって一夜にして河口の横浜《よこはま》(余子浜)まで到達したとある。引原は現在の兵庫県宍粟《しそう》市、旧波賀《はが》町にあり、但馬《たじま》国境に近い源流部である。川を堰き止めながら、五町、三町(五四〇メート

▼**比曽**　「支」のほか「荷」「寸」を単位として数えられる「比曽」「曽木」がある。

▼**杣山**　律令《りつりょう》国家や貴族・寺社が、造営・修理用の材木をとる目的で所有する山。

▼**円教寺**　兵庫県姫路《ひめじ》市書写《しょしゃ》にある天台宗《てんだいしゅう》の寺。書写山という。

▼**「捃拾集」**　『兵庫県史』中世史料編四。兵庫県立歴史博物館『播磨北部の生業と武士』(二〇〇四)にも所収。

▼**九輪**　塔の最上部にある九重の輪。

ル、三二四メートル)と少しずつ流す方法で、八丈、約二四メートルとなる巨木を川流しする技術があった。▲

一二六四(文永元)年の熊谷《くまがや》《くまがい》一族内の相論では、「一　押二取榑《くれ》五千四百余寸《すん》・材木三百九十余支一否《いなやの》事」が争われた。榑は、板材・薄板・薪などいろいろな用例がある。ここでは寸を単位としていることと、五四〇〇余寸という量からして、薄板と考える。材木のほうは原木をある長さに切ったもので、三九〇余支が争われた。

沼田荘の場合はさらに「三千支」という莫大な量の用材である。蓮花王院《れんげおういん》修造のための山であって、檜の伐採が禁止されていたというから、寺院の建築用材も採取できる良材の山だった。本来なら八丈(二四メートル)にもなる長さがとれたはずだが、伐期よりも前、成長中の材を切ってしまった。それにしても三〇〇〇本もの量は多い。今でいえば何億円もの資産価値である。庶流であっても、地頭は大山林地主であった。このときは庶子国平が流した材を、惣地頭茂平代官重兼《しげかね》が抑留しているあいだに、「連々洪水」があって「流失畢《おわんぬ》」とある。借上人(高利貸《こうりがし》)に売却したということは、国平自身、借上人に負債があったこと

▼柱の長さ　塔の心柱は実際には継木をした。

を語る。杣山を所有することによる利益をえようとしたが、河口の津を把握しなければ、失敗に終った。

　さきに一一八五(元暦二)年、河内国天野寺に対し、山林伐木への禁制が源頼朝によってだされたことをみた。それに先立つ三年前には、つぎのような事件もあった。一一八二(養和《ようわ》二)年、天野山金剛寺に対し、四丁八反の料田《りょうでん》奉免▲を許可した河内国留守所《るすどころ》・目代《もくだい》▲は、その地の領主であった長野武者《むしゃ》(源貞弘《さだひろ》か)に対し、造屋のための材木提供を要求している。「材木をとりおくように、山出《やまだし》人夫はできるかぎり『雇献《やといけん》』するように、貴殿も一〇人、二〇人は雇うように、山出河の行程はどれほどか、日別に二帰か、三帰(帰とは堰切りの回数であろうか)か、詳しく連絡がほしい」と要請している。長野武者が杣人への指揮権を有していたがゆえの要請であろう。「山出河」は揖保川の場合と同様のものであろう。その三年後、みたように、山の木を切ろうとした鎌倉御家人の行為があった。それは平家《へいけ》方に与《くみ》した長野武者への攻撃の一つだった可能性がある。

　杣人は武士が所管したようだ。杣人は兵力として戦争にも参加した。一一八三(寿永《じゅえい》二)年山城《やましろ》国和束《わづか》杣▲の杣工に兵糧米《ひょうろうまい》のみならず、北陸道遠征への兵士役

▼**料田奉免**　年貢をださずにすむように免田化を承認すること。

▼**留守所・目代**　平安中期〜南北朝期に諸国の国衙に設置された機関。受領《ずりょう》国司の遥任《ようにん》が広まると、諸国には留守所がおかれて、受領が私的に任じた目代を派遣して管轄させ、国衙全体の運営を行わせるようになった。

▼**和束杣**　現京都府相楽《そうらく》郡和束町。

がかけられた。「われら御杣工は弓箭刀兵《きゅうせんとうへい》を帯するにおよばぬもので、しかもわずか三六人しかいないところに二七人が催促された」(この人数は頭領《とうりょう》の数で、さらに配下の者がいた)。興福寺《こうふくじ》につながる杣工はこのように訴えて、忌避しようとしている。異例のことではあった。この史料を検討した川合康は、杣工は工兵隊として動員されたとみる。架橋や城郭建設に用材をすみやかに提供する杣の技術は、軍事に不可欠の技術であった。この事例では主従関係にない者の動員をはかって紛争になったが、所領内であれば、常時から武士と杣人には従属・支配関係が設定されていたと考える。

紺灰

さて小早川相論のもう一つの論点が「紺灰《こんぱい》事」だった。惣領小早川本仏《ほんぶつ》(茂平)が自領でなく、他領にはいって灰を焼いたとして訴えられた。また一二六九(文永六)年の近江《おうみ》国伊《い》香立《かだち》荘▲の荘官《しょうかん》百姓申状によれば、隣接する葛川《かつらがわ》住民が伊香立荘内の山嶺に材木をとり、そのあとを焼き払って、大小豆などの五穀《ごこく》をつくり、渓谷を打ち開いて開発・耕作し、わずかに残った木は紺灰に焼いて、売

▼**伊香立荘**　現滋賀県大津市付近。

買したという。一二九六(永仁四)年、筑前国粥田荘の給田には皮染・鍛冶・檜物・土器とならび、紺掻《こうかき》(給田)三反があった。荘内に紺掻がいて、厚遇されていた。一三〇三(乾元二)年前後の阿南荘には「こふかき藤三郎」の名がみえる。一五〇三(文亀《ぶんき》三)年和泉国入山田《いりやまだ》村の船淵《ふなぶち》・菖蒲《しょうぶ》には、紺屋《こうや》に商売する灰の座があって、四〇余人が加入していた。その村に右馬《うま》という男がいたが、座にはいっていなかったため、山を越えて紀伊《きい》国池田荘▲の辺地の山を焼き、「忍びて商売」していた。旱魃《かんばつ》時に池田荘の人物が船淵の山で蕨《わらび》を掘って、とがめ立てられたことから、問題が表面化した。藍代が年貢に課せられる荘園は、伯耆《ほうき》国国延保《くにのぶのほ》▲・阿南荘はじめ多い。灰はけっして廃棄物ではなく、売買・利権の対象であり、高い商品価値があった▲。

紺灰は、まず藍染の過程で必要なものだった。藍染は夏に蓼藍《たであい》をとり腐食させる。木灰を桶《おけ》で漉《こ》して、灰汁《あくじる》をとり、スクモ(藍玉)にかけて、自然発酵の過程ででる酸を中和させ、発酵を促進する。わずかな量の灰であれば、稲藁からもとれるが、藍染業者は大量の灰を必要とした。また木によって発色に差がある。アルミニウムを含む椿の灰なら紫根染・黄染・刈安染など、多様な発色が

▼**池田荘**　現和歌山県紀《き》の川《かわ》市のうち旧打田《うちた》町付近。

▼**国延保**　現鳥取県西伯郡大山《さいはくぐんだいせん》町付近。

▼**灰の価値**　かまどの灰、護摩の灰というが、元々灰には高い価値があった。

可能だった。『政基公旅引付』(文亀二〈一五〇二〉年八月二十九日条)、あるいは『山《やま》科《しな》家《け》礼《らい》記《き》▲』(文明《ぶんめい》二〈一四七〇〉年の同日条)に茶染の法が記されている。前者では黄茶・青茶・唐茶、いずれも椿の灰汁を用いている。特殊な技術、そして特定樹種への需要があった。また陶器《とうき》を焼く際の釉薬《うわぐすり》にも灰が必要だった。粥田荘給田に紺掻とならんで、土器もみえる。ともに灰を必要とした。耕地にとって灰(炭酸カリウム)は、酸性土壌の中和作用をもつカリウム肥料であり、耕作に有益で、生産量(反当収量)を増加させることができた。灰小屋《はいごや》(はんや)は各地にみられた。灰は畑や焼畑で自家消費してしまう。ほかにまで供給する余裕はない。紺灰をえるにはその目的だけで特別に焼かねばならず、希少価値があった。

地頭小早川氏は、みずからこうした紺灰をつくっていたわけで、それが可能な山も所有していた。なお青屋《あおや》(藍染屋、紺屋)は地域によっては差別された。九州・関東など差別されない地区も多いのだが、京都近郊では差別されるケースがあった。荘園内に給田をあたえられる手工業者・技能集団には後世、賤視され、差別される人びとが含まれていたが、彼らは地頭たちとネットワークをもち、分業の一部を担っていた。

▼『山科家礼記』　山科家家司《けいし》の日記。

狩倉・鷹栖は山野利用の一形態であるが、農民的な土地利用とは異なっていた。一方には草山・薪山・炭木山・竹山などの村人の生活の山があり、松山・檜物▲山・杉山など資産を生む山もあった。武士はこうした山野利用にも、さまざまに支配の手を伸ばした。山は大きな利権であった。

簗

『石山寺縁起絵《いしやまでらえんぎ》』に宇治川（瀬田《せた》川）の簗《やな》（梁）が描かれている（次ページ図版参照）。両岸から下流に向けて斜めに竹の柵をおき、流芯に向かって狭め、末端に簀《す》をおいて魚をとる。大きな川では川幅全体を堰き止めることはむずかしかっただろうから、川中のいくつかの流れを堰き止めた。中州《なかす》があるような場所は、簗をかけやすかった。石で「手」と呼ばれる人工的な州をつくることもある。

相良文書・寛元《かんげん》二（一二四四）年の人吉荘中分状《ちゅうぶんじょう》▲に、

一　河分

宗河梁《むねかわ》　す(簀)一領家御分　地頭分す二内・一者南方・一者北方

大岩瀬梁《おおいわせ》　河中限南　寸(す＝簀)参拾(三十)内・十五ハ南方・十五ハ北方

▼檜物　檜の材でつくった薄いわげもの。

▼中分状　下地（土地など）を折半することを中分という。中分の状況を記録として残すためにつくられる文書が中分状。

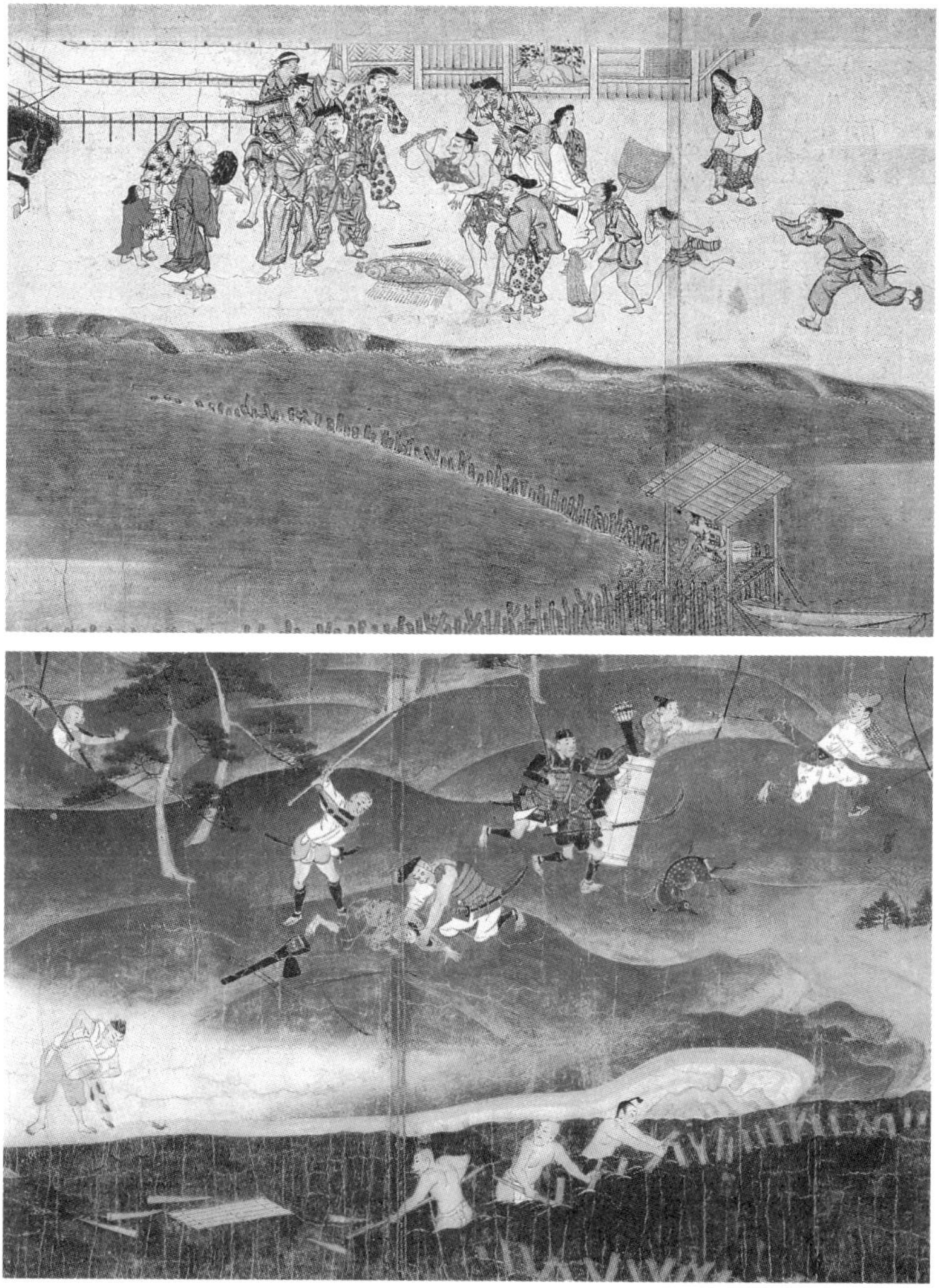

●―『石山寺縁起絵』宇田川（瀬田川）の簗　下段は，殺生禁断にからめて簗を解体しているところ。陸では鹿狩りを行った武士を責めている。

とある。

この中分状は田や在家や山野などについて、地頭分権益のおよばない領家分は除外したうえで、南（地頭・相良氏分）・北（地頭・得宗《とくそう》分）に折半している。まず球磨《くま》川の支流宗河（胸川）には全体、簀が三つあった。上流から下流にかけてあったものか。それは一対二で、領家分が一と、地頭分が二、その二を相良氏と得宗が一つずつ領有した。つぎに球磨川本流大岩瀬は、いまも人吉市内にある大きな中島両側の瀬で、河川改修で除却されるまでは、名のとおり島に大岩があった。大岩瀬簗はこの中島を堺として南側が地頭分だった。南側だけで、三〇もの簀があって、これも折半された。分流といえども川幅は広い。漁獲高は多かった。

延慶《えんぎょう》四（一三一一）年の相良蓮道置文《れんどうおきぶみ》▲は嫡子頼広《よりひろ》と、その弟三郎次郎（朝氏《ともうじ》）・九郎（祐長《すけなが》）・十郎に所領を譲ったものである。

一薩摩瀬《さつまぜ》の梁《やな》うたんときは、三郎次郎に北の二のす（簀）一けん、九郎に同三のす一けん、十郎に南の三のす一けんうたすへし。

とある。薩摩瀬の簗（梁）は大岩瀬の簗の下流に位置する。ここには惣領《そうりょう》頼広分

▼置文　現在および将来にわたって遵守《じゅんしゅ》すべき事柄を定めた文書。

が書かれていないが、この置文では、庶子三人(三郎次郎・九郎・十郎)が負担する他の役、すなわち寺の僧膳《そうぜん》、寺の湯などは惣領五、庶子が各一(計三)、合計八の割合になっている。庶子分簗が計三間であれば、惣領分簗は五間あっただろう。そのことを前提にしてこの置文をみれば、薩摩瀬の簗は北に一から四の簀、南に一から四の簀、つまり数字番号で呼ばれる合計八間の簗があった。北のNo.2・3、そして南のNo.3、計三が庶子分で、北のNo.1・4、南のNo.1・2・4計五が惣領分だった。やはり最上流の一の簀には魚が多くはいる。そこは南北ともに惣領が所有した。

人吉荘の場合は特定区間の簀が、地頭の所有になっていた。しかし地頭以外にも簀をかける人間は多数いた。もし既存の簗から距離をおかずに、別の人間がすぐ上流に簗を設置すれば、必ず紛争になる。

一三〇三(乾元二)年、豊後国阿南荘松富名狭間《はざま》村で、地頭一族間において、下地《したじ》中分《ちゅうぶん》が行われた。川の簗とウケ(筌、ウエともいう)について、つぎのように定められた。

梁《やな》におきては年により流水の変する間、現実に定めがたし、しかればすなわち地頭分四枚のうち、善悪を両方に配分して、沙汰あるべし。次うけの事、両方の屋敷付きを以て、沙汰を致すべし。

自然条件に支配される簗の場合は、数のみ決めておいた。ウケのほうは早朝や夜中の回収があるから、屋敷近くをそれぞれ保持することとした。この狭間村の近くには今も大分川に面して横瀬という地名があるが、中世史料にも頻出する。二〇〇年後のことになる。つぎのような大友義鑑《おおともよしあき》の書状が、「豊後狭間諸給人中」にあててだされた(大分県立先哲史料館所蔵文書)。

横瀬簗之事、各《おのおの》申合せ、前々の如《ごと》く、急度《きっと》馳走《ちそう》肝要に候、聊《いささか》も、緩《ゆるが》せの儀、あるべからず候

大分川横瀬に従前から設置されていた簗《(梁)》をめぐって紛争があった。「各」とあるように横瀬簗は複数あった。簗の間の距離などをめぐって、「各」が「申合」せることが必要だった。横瀬簗はよほどに多くの魚がはいったらしい。漁獲の一部は簗料として大友氏に上納されたと考える。

なおウケは簗に比べれば小規模だが、一三五六(正平十一)年宇佐公浦譲状に、駅館《やっかん》川のウケ場が書き上げられているように、やはり利権であった。

②—流通体系の把握

市場在家

海や川は、魚や塩など海産物の所産のほか、交通路としての意味が大きかった。海と陸の接点が津《つ》であり、倉敷《くらしき》である。荘園《しょうえん》内の流通の結節点でもあった。市《いち》・津・倉敷・渡《わたし》には地頭《じとう》の支配が強くおよんだ。七ページ頭注に掲げた金岡《かなおか》東荘《ひがしのしょう》▲でも「市津」が争われていた。以下ではまず市と地頭の関係をみる。

一二六四(文永《ぶんえい》元)年武蔵国西熊谷郷《むさしのくににしくまがやごう》《くまがい》▲市場田五段少と市場在家《ざいけ》地について、地頭熊谷氏が、一族間で争っている。「市場田」とあるが、どのようなものか。備中《びっちゅう》国新見《にいみ》荘▲には一三二五(正中《しょうちゅう》二)年ごろ「市庭保頭給田《いちばほうとうきゅうでん》」がある。同様なものだとすれば、熊谷氏は市場在家地を所有する一方で、市場管理者として給分《きゅうぶん》(市場田)も得ていたことになる。管理し保護することが、荘園領主《りょうしゅ》(領家《りょうけ》)には必要なことだった。市場が繁栄しないと領家も困るが、地頭も困るのである。

一三三〇(元徳《げんとく》二)年肥前《ひぜん》国長嶋《ながしま》荘▲地頭橘薩摩幸蓮《たちばなさつまこうれん》は「たかはしいちハさいけ《(高橋市場在家)》田地等の地頭職」を惣領職《そうりょうしき》とともに、その女子に譲っている。このように地頭

▼金岡東荘　現岡山市東区西大寺付近。

▼西熊谷郷　現埼玉県熊谷市付近。

▼新見荘　現岡山県新見市付近。

▼長嶋荘　現佐賀県武雄市付近。

は市場在家を所有することが普通だった。これら地頭の私的所有・相論《そうろん》・検《けん》注《ちゅう》の対象となった「市場在家」とはどのようなものか。

各地に八日市《ようかいち》とか五日市《いつかいち》という地名がある。上野《こうづけ》国新田《にった》荘▲世良田四日市場《せらたよっかいちば》、越後《えちご》国奥山《おくやま》荘七日市《なのかいち》、備後《びんご》国地毗《じび》荘▲十日市《とうかいち》をはじめ、中世史料にも市日《いちび》▲をもつ三斎市《さんさいいち》▲と思われる市が多数みえている。『東関紀行《とうかんきこう》』▲にみる尾張《おわり》国萱津《かやつ》東宿《ひがしじゅく》は「今日は市日にあたるとて、そこらの人集まりて、里も響くばかりに罵《ののし》りあふ」とあった。「市日」にあたらぬ日は寂しい。市場圏も狭く、開催日も限定された未発達の日限市場だと、従来は考えられてきた。そのイメージを決定づけるものが、『一遍上人絵伝《いっぺんしょうにんえでん》』にみる信濃《しなの》国伴野市《とものいち》▲の、市が立たない日の閑散《かんさん》とした光景である(三六ページ図版参照)。しかし『一遍上人絵伝』詞書《ことばがき》には「伴野の市庭の在家にして」と記されていることが指摘されている。在家があるという記述は、絵からのイメージとは異なっている。

さらにこの伴野市には二日町屋(二日市場)があった。そのことが大徳寺徳禅《だいとくじとくぜん》院襖《いんふすま》下張り文書によって、確認されている。一三三五(建武《けんむ》二)年前後の「町屋住人」の名前もわかる。二日町屋に太郎三郎入道成阿《じょうあ》(浄阿)・四郎三郎みつし

▼**新田荘**　現群馬県太田《おおた》市一帯。

▼**地毗荘**　現広島県庄原《しょうばら》市付近。

▼**市日**　現存する日のつく市地名を『角川日本地名大辞典』ほかで集めてみると、一日市＝一〇、二日市＝一二、三日市＝一六、四日市＝一三、五日市＝一四、六日市＝六、七日市＝一六、八日市＝一九、九日市＝七、十日市＝一四、廿日市＝二となった。各日の市はまんべんなく分布するが、六日市・九日市は少ない。そのぶん七日市・八日市が多い。廿日市は二例(安芸・伊予)しかない。

▼**三斎市**　月に三回、決められた斎日に開かれる市。一日市ならば一・十一・二十一日に開かれた。

▼**『東関紀行』**　一二四二(仁治《にんじ》三)年京都東山《ひがしやま》に住む作者が、京都と鎌倉間を往還した紀行。作者に源光行《みつゆき》・子の親行《ちかゆき》が擬せられる。

げ・□次四郎太郎重光・二郎三郎もりしけ・次郎三郎守光らの住屋があった。彼らは年貢替銭《かえぜに》の替主・取主・口入人である。みな金融業者だった。名前は武士のようである。二日町屋は観応《かんのう》三(一三五二)年ごろには二日市場と呼ばれていたという(『松原神社縁起』、井原今朝男報告、『信濃』三九巻七号)。

『一遍上人絵伝』が描く、もう一つの市、備前《びぜん》国福岡市《ふくおかのいち》▲は、市日ではあるが、川縁に粗末な掘立柱《ほったてばしら》建物が建ちならぶものであった。しかし一遍の一〇〇年後に備前国福岡市を訪れた今川了俊《いまがわりょうしゅん》の『道行《みちゆき》ぶり』▲は、「その日は福岡に着きぬ。家ども軒をならべて民のかまどにぎわいつつ、まことに名にし、おい(負)たり(まことに福岡の名に恥じない)」と記した。一〇〇年で福岡市が急速に発展したとは考えない。伴野市に描かれた五棟(宇)、福岡市《いち》の五棟は市場のすべてではあるまい。絵画史料が示したものはストーリー展開のうえで必要な一部分だけではないか。明らかに異なるもう一つの市場がある。網野善彦は中島・河原(無主地)に立つ市のイメージを強調したけれども、一方では都市的な場として備中国新見荘市場を理解し、酒屋・餅屋・魚座・筵《むしろ》(莚)座・鋳物《いもの》屋があったと強調する。備前国福岡市についても、建武《けんむ》の史料に福岡荘吉井《よしい》村「下市《しもいち》」、また「市《いち》

▼伴野市　現長野県佐久《さく》市。

▼福岡市　現岡山県瀬戸内《せとうち》市のうち旧長船《おさふね》町。一部は岡山市一日《ひと》市《いち》。

▼『道行ぶり』　南北朝期の紀行。今川貞世《さだよ》(了俊)著。一三七一(応《おう》安《あん》四・建徳《けんとく》二)年南朝勢力鎮圧のため九州探題《たんだい》として赴任する際の記録。

●──『一遍上人絵伝』信濃国伴野市

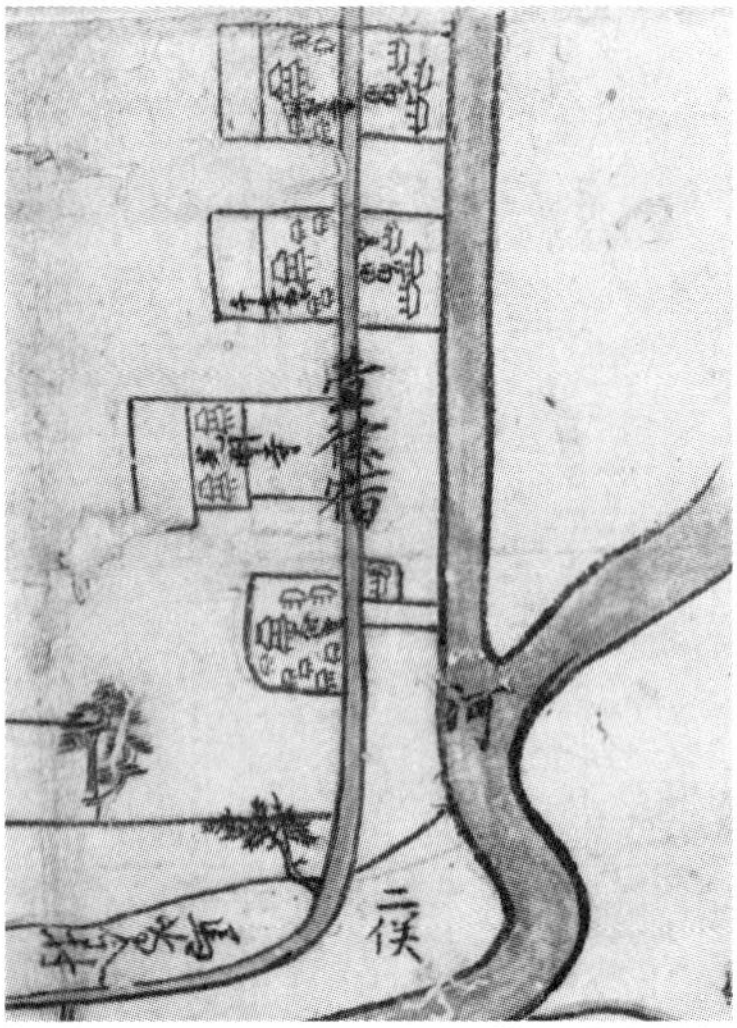

●──「尾張国冨田荘絵図」の萱津宿

●──高橋(武雄市)の地名　各五日市，十日市に関連する地名がみえる。六角川からの支流(高橋川)が町に沿って流れる。

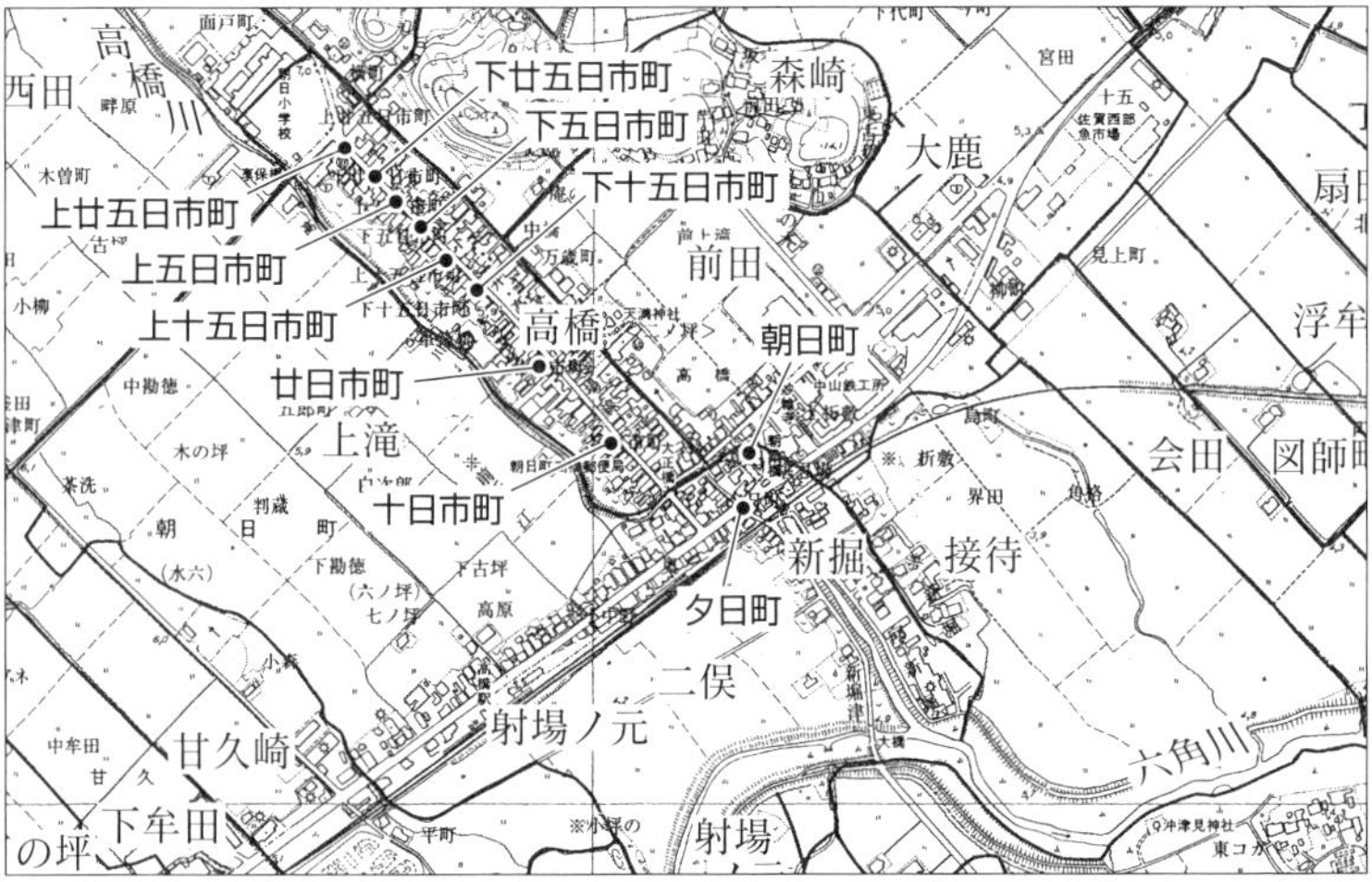

下加作《しもかさく》」がみえると指摘する（東寺百合文書《とうじひゃくごうもんじょ》・サ）。下市もあれば、上市《かみいち》もあった。尾張《おわり》国萱津宿▲は、円覚寺《えんがくじ》領尾張国冨田荘《とみたのしょう》絵図にも描かれている（前ページ図版・扉図版参照）。そこでの萱津は寺院が多数ならんでいる。

河原の市は無人のときもあれば、にぎわうこともある。伴野市の場合、市の小屋掛けに犬に石を投げる乞食《こじき》（物乞い）が描かれている。起きたばかりのようにもみえ、前夜から市に人はいなかった。しかしこの画像が市のすべてではない。

さきにみた地頭・市場在家のある長嶋荘高橋▲は、有明海《ありあけかい》にそそぐ六角《ろっかく》川河口から二〇キロ内陸にあって、有明海の干満の影響を受け潮位の変化がある。上昇潮流に乗って海から内陸まで物資を運搬でき、引き潮で海までくだることも簡単だった。内陸港津であるが、海の力で機能した。ここは延喜式官道《えんぎしきかんどう》、すなわちのちの時代に「長崎街道」と呼ばれる道の通過もあったし、伊万里《いまり》街道も分岐した。海陸交通の要衝《ようしょう》である。高橋に上五日市町、下五日市町、十日市町、上十五日市町、下十五日市町、廿日市《はつかいち》町、上廿五《にじゅうご》日市町、下廿五日市町という地名があったことが、明治期の記録（『朝日村誌』）でわかる（前ページ図版参照）。

▼**萱津宿**　中世東海道《とうかいどう》の宿駅《しゅくえき》の一つ。現在の愛知県あま市（旧海《あ》部《ま》郡甚目寺《じもくじ》町）・清須《きよす》市（旧西春日《かすが》井《い》郡新川《しんかわ》町）・名古屋市中村区の境界周辺。

▼**長嶋荘高橋**　現佐賀県武雄《たけお》市。

日付はむろん、旧暦・太陰暦《たいいんれき》であるから、潮位に連動する。五日から二十五日まで、中潮、長潮(小潮末期)、大潮、中潮、長潮となる。市場は潮の上昇が最小となる小潮・長潮の日でも、十分に潮がのぼってきた(後述するが、上流の潮《ちょう》汐《せき》上昇限界点に地頭館があった。五四ページ参照)。

各市はたとえば二十五日市町の場合、二十五日のみに市を開いたわけではない。高橋の場合は一七八九(寛政《かんせい》元)年の史料によっても、市日は月に六日だったが、数字の付く町が市の当番町だったとある。高橋にいけばなんでもそろうとされていた。近代の事例だが、大正時代には呉服店が五軒、魚市場が二カ所にあり、月に三回、五の日に、川端に露天の市が立った(『武雄市史』)。呉服店がある時代になっても、五の日の市日は生きていた。かの備前国福岡市に描かれた河原の商人は、こうした川端の露天商に重なる。市日は最大に市が拡大される日である。核にあたる部分、店舗(市場在家)は毎日営業していた。

市は河川交通を利用することが多い。一帯には河原も中島もあった。市は動的なもので、日・時間によって河原にまで市が拡大される。現代でも祭の日(人の多くでるイベントの日)には多くの露天商がでて、市の場・空間は拡大される。人でにぎわう市日に、河原にまで露天商の店がでた。鎌倉期の高橋市の経済発展段階は六斎市《ろくさいいち》▲段階ではなく、三斎市段階であったであろう。それを踏まえたうえで、近世・近代の現象が示唆する光景をさかのぼって適用できると考える。

絵画に記されたものは、市の一部で、もう一つの別の場景が同じ市にあった。伴野市でいえば描かれなかった市場在家があったし、店舗も開いて、為替屋もあった。今でいう銀行、金融業者である。

地頭職譲与の対象たる「市場在家」は常設の店舗、ないしそれを管理する施設であろう。戦国期になると、三日市場屋敷（永禄《えいろく》六〈一五六三〉年・甲斐《かい》国恵林寺《えりんじ》領《りょう》日記）と表記されている。三日市場でもむろん屋敷があった。安芸《あき》の廿日市は享徳《きょうとく》三（一四五四）年小田《おだ》文書に「廿日市」として登場している。一月に一度、二十の日にしか開かれないような市は、あまりに不便だし、採算がとれるとも思われない。実際は常設市である。

伴野市以外でも市には「市場在家」およびその住人の名前が確認できる。一三〇〇（正安《しょうあん》二）年、「陸奥《むつ》国宮城郡高用名《こうゆうみょう》《たかもち》」には「河原宿五日市場在家」および「冠屋《かぶりや》

▼**六斎市**　「六斎」市は近世には多い。一六八五（貞享《じょうきょう》二）年ごろの会津《あいづ》高田《たかだ》市は上町四日・十八日、中町八日・二十四日、下町十四日・二十八日の六斎市であった。

市庭《いちば》」があって、地頭留守《るす》氏の譲与対象になっていたが、後者の「在家」三宇は「毗沙王《びしゃおう》」(毘)「市庭安尼《やすのあま》」「塩竈別当五郎《しおがまべっとう》」なる人物が所有し、ほかにも平次四郎在家があった。市庭安尼なる呼称に典型的なように、所有者には市の管理者が含まれていた。やはり名前は武士風である。また一二八五(弘安《こうあん》八)年には脇在家もあった。一二六二(弘長《こうちょう》二)年、越中《えっちゅう》国石黒《いしぐろ》荘にも「市場住人」がいた。

市日の騒擾

市日は和市《わし》▲が立つ日のことではないか。備中国新見荘を研究してきた渡辺太祐の見解である。一三三四(建武元)年十一月二十三日、十二月三日、正月二十三日に和市が定められた。和市は米のみならず、大豆・粟《あわ》・蕎麦《そば》などについても定められるものだった。播磨国矢野《やの》荘▲には一三六一(康安《こうあん》元)年の記録がある。

「当年御年貢和市の間の事、十月一日、那波市《なばのいち》において、地下《じげ》番頭・百姓等、相共にこれを立て候《そうら》い畢《おわんぬ》」。

一日に和市が立った。このときの和市は一貫が米一石二斗三升だった。

「また十一月一日、那波市においてかさねて上御使、相ともに和市を相定む

▼和市　売り値、相場。

●――草戸千軒出土木簡・和市

・「二百　くろめの　わし」

▼矢野荘　現兵庫県相生《あいおい》市の市域にほぼ相当。

こと。貫別壱石参升に候」。

つづく十一月一日にも和市が立って、一貫が米一石三升だった。

那波市は一日市だった。ここにみる和市には驚くほどの差があり、二割も違いがあった。この年の十月一日はグレゴリウス暦（現行西暦）では十一月七日、十一月一日は十二月六日である。新米が市場にでそろったが、和市の低さに売控えもでて、品薄になったのだろう。それにしても差が大きい。だからこそ東《とう》寺《じ》が問題視した。

市立《いちだて》の日として記録されたのは、東寺（矢野荘政所《まんどころ》）がかかわり、上使が立ち会った日だけである。三斎市（一日市）だから十一日、二十一日にも市が立ち、和市はもう少しゆるやかに変化しただろう。和市は「地下番頭・百姓が立ち会って決めた」とある。売値は需要・供給の関係で決まるが、決定するのは売り手である。いったん決められた和市には、勝手に変更はできないものがあった。政所など公的機関はこの和市に従って取引を行った。決定に加わったものは、必ずこの和市を守った。特定の商品（おそらく米など穀物）の和市は、つぎの市が立つ一〇日後まで維持された。新しい和市を決定したのは、一〇日間の商品の売行きであろう。たちまち品薄になるか、逆に売れ残ったかが、つぎの和市を決定した。市に参加する一般商人は和市のとおりではない取引を行った可能性が考えられる。だが売値が和市より高くなることは絶対になかったし(誰も買わない)、和市よりもわずかにさげるといった程度の操作であった。よって和市は一般商人をも大きく規定した。和市すなわち市場の売値は、仕入値にも連動する。和市が高ければ、一〇日間に生産者多数が作物を売りにきた。和市が低ければ購入者は殺到するが、生産者は商人に売らず、作物は市に運び込まれなかった。代官請負の請文には「和市を守る」と誓う文言が含まれることが多い。和市を随意に変更すれば、市場が混乱する。恣意《しい》的な操作は市場の衰退につながった。

矢野荘那波市は港津だった。近隣に山陽道《さんようどう》にそった弘山《ひろやま》荘弘山市▲があった。市が立つのは交通の要衝で、市は近郷にいくつもあった。

一二五八(正嘉《しょうか》二)年紀伊《きい》国阿氐河《あてがわ》荘▲綿送文案に、「御わた　国の市のうりね(売値)をたつね(尋)候へば、一日に六百文と申候也」とある。相場は市ごと日ごとに違っていて、たずねてみないとわからないものだった。豊前国国府津《こうづ》でもあった祓川《はらいがわ》

▼弘山市　現兵庫県揖保《いぼ》郡太子《たいし》町。

▼阿氐河荘　現和歌山県有田《ありだ》郡有田川《ありだがわ》町のうち旧清水《しみず》町付近。

河口の今井津《いまいづ》(仲津《なかつ》郡)に関して、大内氏の奉行人がだした友枝隼人左《ともえだはやとのすけ》宛書状には、「未進《みしん》は許容できない、買い調えても米を調達せよ」と記したのちに、「和市の事、今居津給人に対し、千手与一左衛門《せんじゅよいちざえもん》へ奉書をなされ候、則ち相尋ねられ、申し付けらるべく候」とする。大内氏が今井津給人に対し、和市への対応について指示済みだから、「相尋ね」(よく調査し情報を収集して)、申し付けるように、という内容であろう(『豊前市史文書資料』)。市は複数から選択できた。売る側は、より高い値で買ってくれる市を、買う側はより安く買える市を探し求める。和市への期待感があった。売る側、買う側の思惑を左右し、市にくる客は和市によって増減した。代官《だいかん》や地頭が和市を操作・差配することはおおいにあった。多くの物資をもつ地頭・代官こそが、もっとも有力な売り手でもあったし、買い手でもあったからである。

研究史がいうような、不定期市→定期市→常設市、また三斎市→六斎市という時系列的な発展はあったが、それは各形態の市の同時存在を否定するものではない。時間を限った市(朝だけ、夕方だけの市)もあった。中心部と、場末の差があった。人出の多い市日には、市は河原にまで拡大される。店舗(市場在家)

の横、あるいは前で、朝市(時間市)が開かれていたとして、さほど不自然には思われない。

　市日には、売り手でもあり、かつ、買い手でもある多くの人を呼ばなければならない。人びとは、いくつかの集客装置にも魅せられた。『庭訓往来《ていきんおうらい》』には市に招くべき人びとが、驚くほど多数にわたって記されているが、そのなかには「猿楽《さるがく》　田楽《でんがく》　獅子舞《ししまい》　傀儡師《くぐつし》　琵琶法師《びわほうし》　県御子《あがたみこ》　傾城《けいせい》　白拍子《しらびょうし》」といった芸能者が列記されている。市は鳴り物入りで、踊る女たちや、春をひさぐ女もいた。安田次郎の研究によれば、奈良南市▲では、市に湯屋《ゆや》(銭湯)を併設した。額安寺《がくあんじ》領備前国金岡東荘・西大寺《さいだいじ》門前市にも湯屋職があったし、草戸千軒《くさどせんげん》▲にも「ゆやの坊」があったという。

　にぎわいを演出する仕掛けがなければ、市とはいえなかった。『一遍上人絵伝《いっぺんしょうにんえでん》』でも、大津関寺《おおつせきでら》門前では平曲《へいきょく》を語る人、福岡市《いち》でも客のうしろで琵琶をひく俗人がいる。笙《しょう》のようにみえるものをもつ人物もいる。彼らは喜捨《きしゃ》で生活するわけだから、つねに人出の多い場にあらわれた。

　近世初頭の「連釈《れんじゃく》の大事」は商人が理想とする「町」(「宿」)の立て方を、上町四

▼**奈良南市**　奈良には北市・中市・南市があった。

▼**草戸千軒**　中世、備後国にあった町。現広島県福山《ふくやま》市の芦田《あしだ》川河口中州《なかす》にあった常福寺《じょうふくじ》(現明王《みょうおう》院《いん》)の門前市場町の遺跡。(渡辺家)「先祖覚書」に「今の土居のゆやの坊」としてみえる。

▼**長野市**　現滋賀県愛知郡愛《あい》荘《しょう》町のうち旧愛知川町。

▼**今堀日吉神社**　延暦寺《えんりゃくじ》領近江国得珍保《とくちんのほ》内今堀郷の鎮守《ちんじゅ》であった日吉神社(現滋賀県東近江市)。

八間・下町一一間の形に描いている（四六・四七ページ参照）。門外には湯屋、および無料宿泊所である旦過《たんが》をおく一方で、下町に傾城・白拍子の店棚があった。

市は市日にもっともにぎわう。音楽集団や踊り子たちは、市日にあわせて一日市から二日市、三日市へと移動を続けた。移動するほうが有利な職人と、店舗をもって移動せずに売買を行う集団がいた。前者はごき（御器、呉器）・紙・櫛《くし》や針のような軽量でかさばらない商品を扱う商人である。市日を追って群衆のなかで商いを続けるほうが有利だった。後者は扱うものの数が多く、移動に困難がともなう商人、米・酒のような重量物を扱う商人である。

祭も行われたと考えられる。近江《おうみ》国愛知《えち》川の長野市▲や今堀《いまぼり》日吉《ひえ》神社▲では「毎年正月十一日」に市立ての祭りが行われた。身を清める斎日が市日である。規模の大小はあっても、市祭は可能なかぎり多く、市日にあわせて開催されたのではないか。

市日の騒がしいまでににぎわう姿、歩くこともままならぬ雑踏は、最大に拡幅された市の場景である。まさしく河原にまで市が開設されたのである。

にぎわいの分だけ、喧嘩《けんか》騒擾《そうじょう》が多かった。市店の場所の取合い、有利な地点

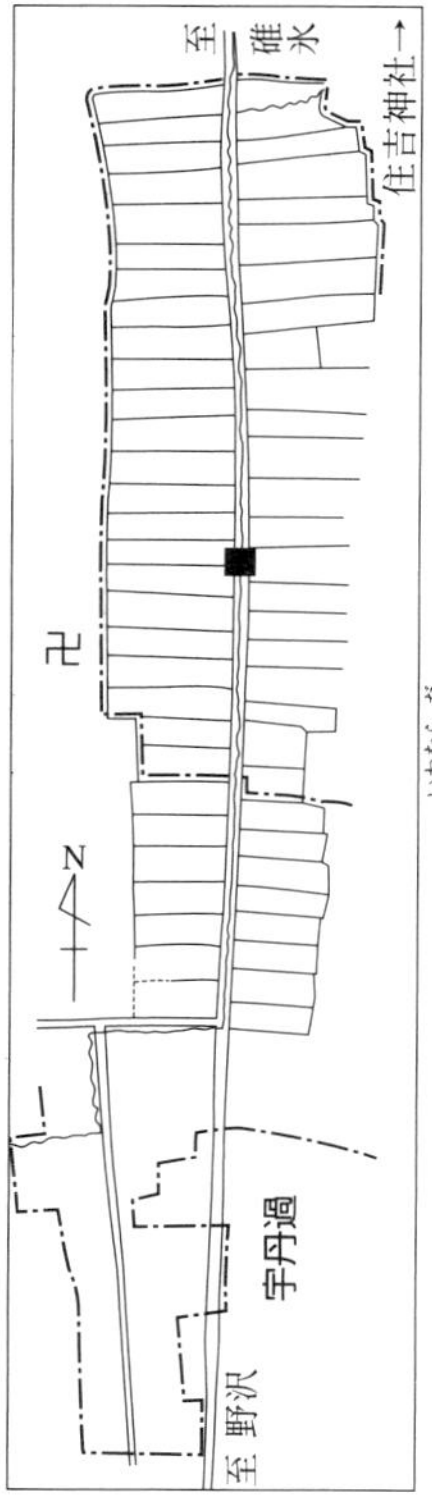

●信濃における市場の地割り遺構（岩村田宿《いわむらだ》）　旦過（丹過）地名が残る。桜井松夫「中世 市のうつりかわり」（『信濃』55巻7号）による。

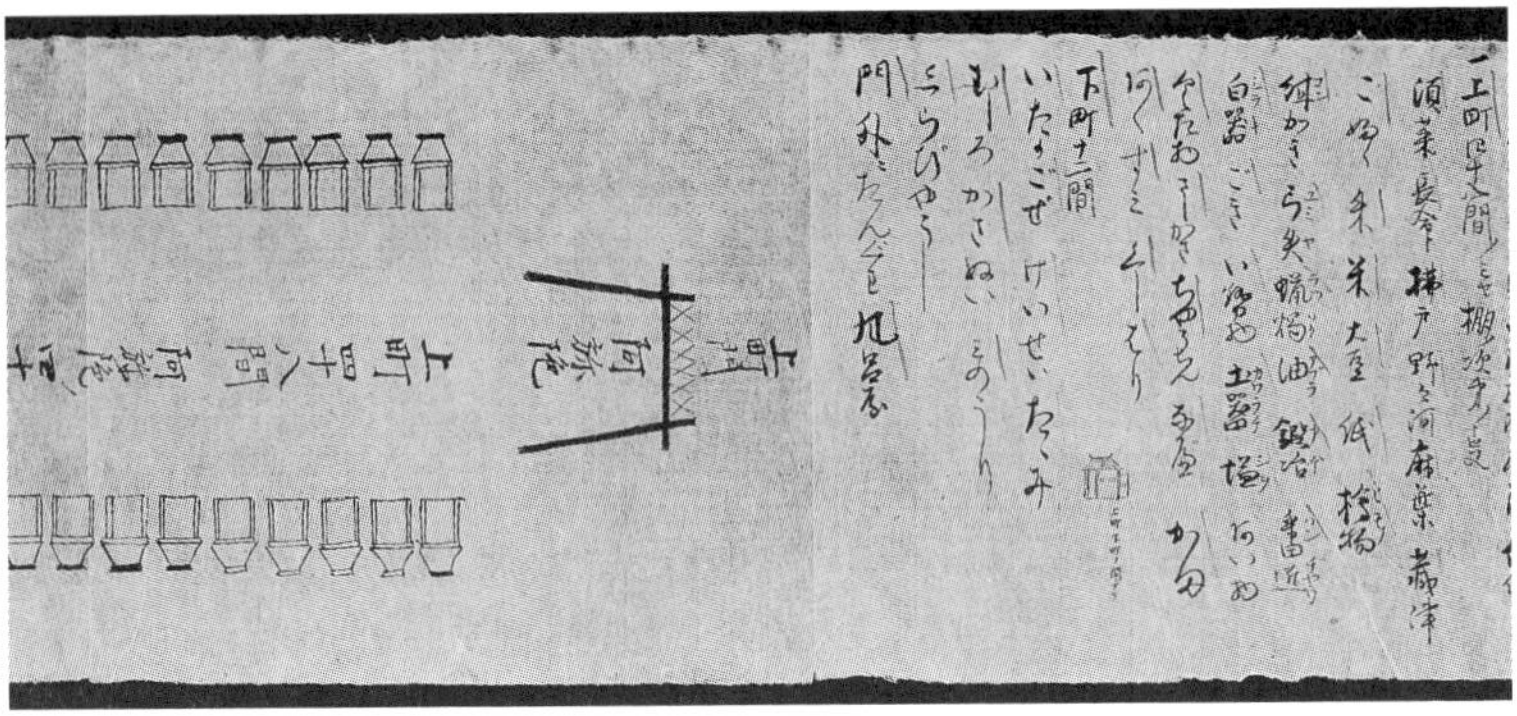

一 上町四十八間ノミセ棚ノ次第ノ事
須菜 長命 払戸 野々河 麻葉 蔵津
こふく 朱 米 大豆 紙 檜物《ヒモノ》
紺《コン》かき 弓矢《ユミヤ》 蠟燭《ラウソク》 油《アブラ》 鍛冶《カヂ》 番匠《バンヂヤウ》
白器《シラキ》 ごき い勢物 土器《カワラケ》 あい物
くた物 さしかさ ちやうちん なべ かま
あく すミ くし はり
下町十二間 上野下町ノ間ニアリ
いたか ごぜ けいせい たゝみ
むしろ かさぬい ミのうり
しらびやうし
門外ニたんぐわ 風呂屋

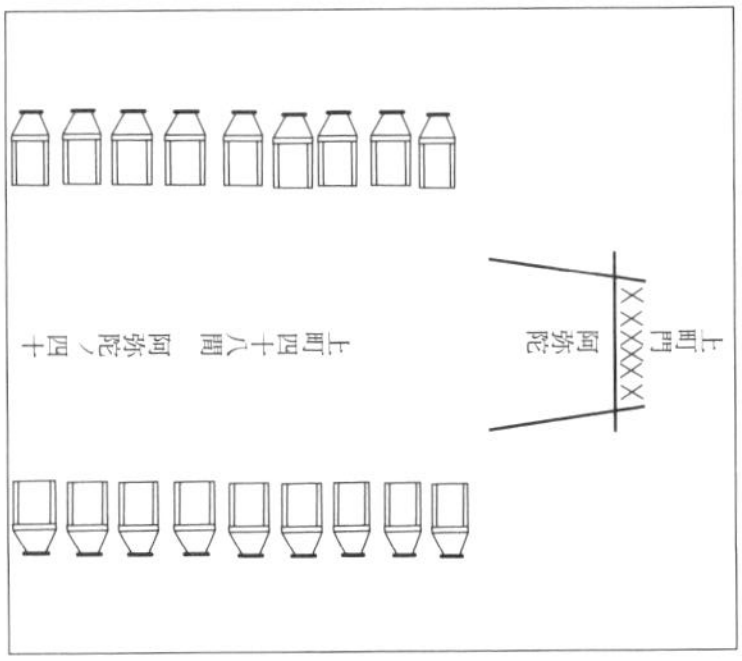

成が多いが，理想とされた中世的な宿

いたか(乞食坊主の一種)，ごぜ(盲目のごぜ)，けいせい，たゝみ，むしろ，かさぬい，みのうり，しらびやうし(白拍子)。

○門外に旦過(無料宿泊所)，湯屋(風呂屋)。

＊記された宿立ての構成にみられる職種・商人は，いずれも人気が高く，多くの人を呼ぶことができた。「獅子舞，傀儡師，琵琶法師」などの音楽集団がみえないが，かわって「いたか，ごぜ，けいせい，白拍子」が担当したものか。「連釈の大事」こそ理想の集客装置でもあった。

＊酒を売る店棚がない。新見荘では市場で酒を売っていた。48間に32種分の店棚しかない。各地商人が酒を売ったのだろうか。酒は重量がある。酒屋はあらかじめ店舗を構えていて，ここには登場しないのかもしれない。

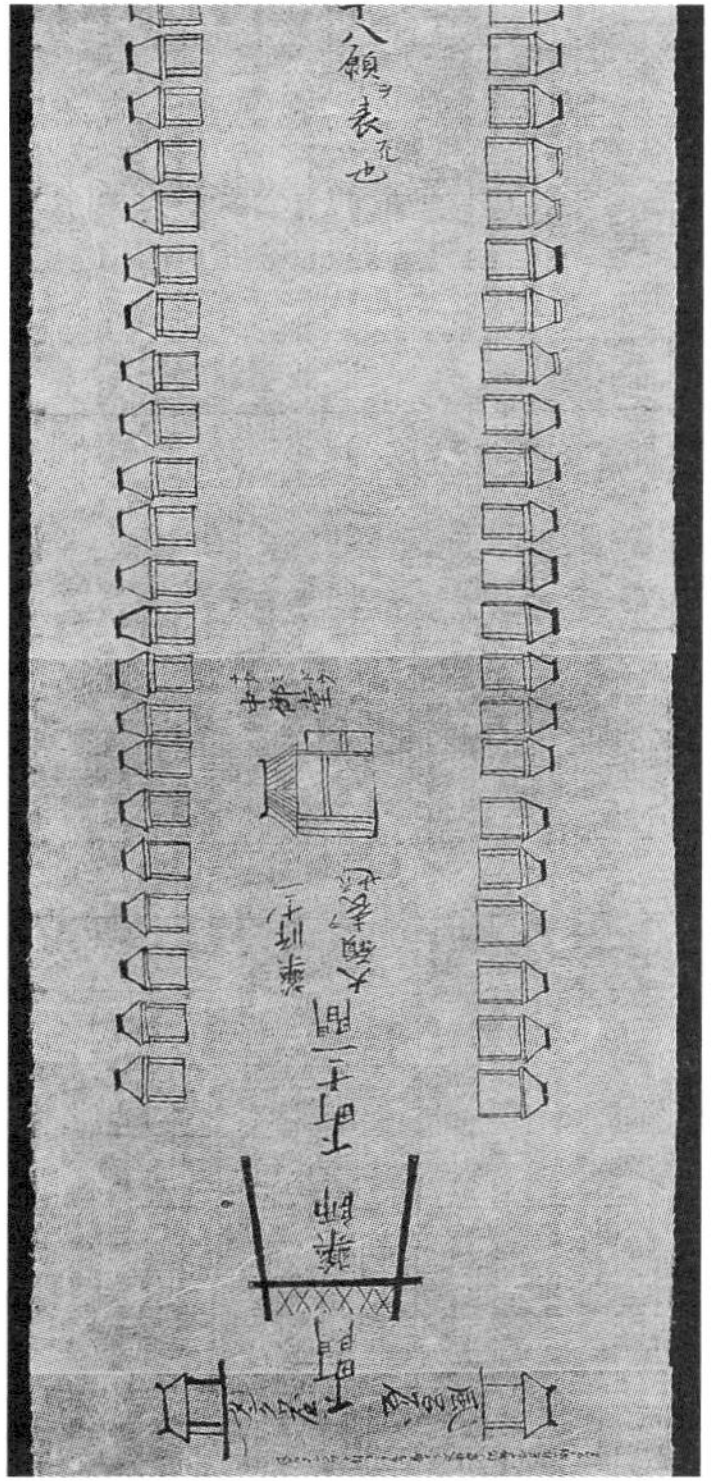

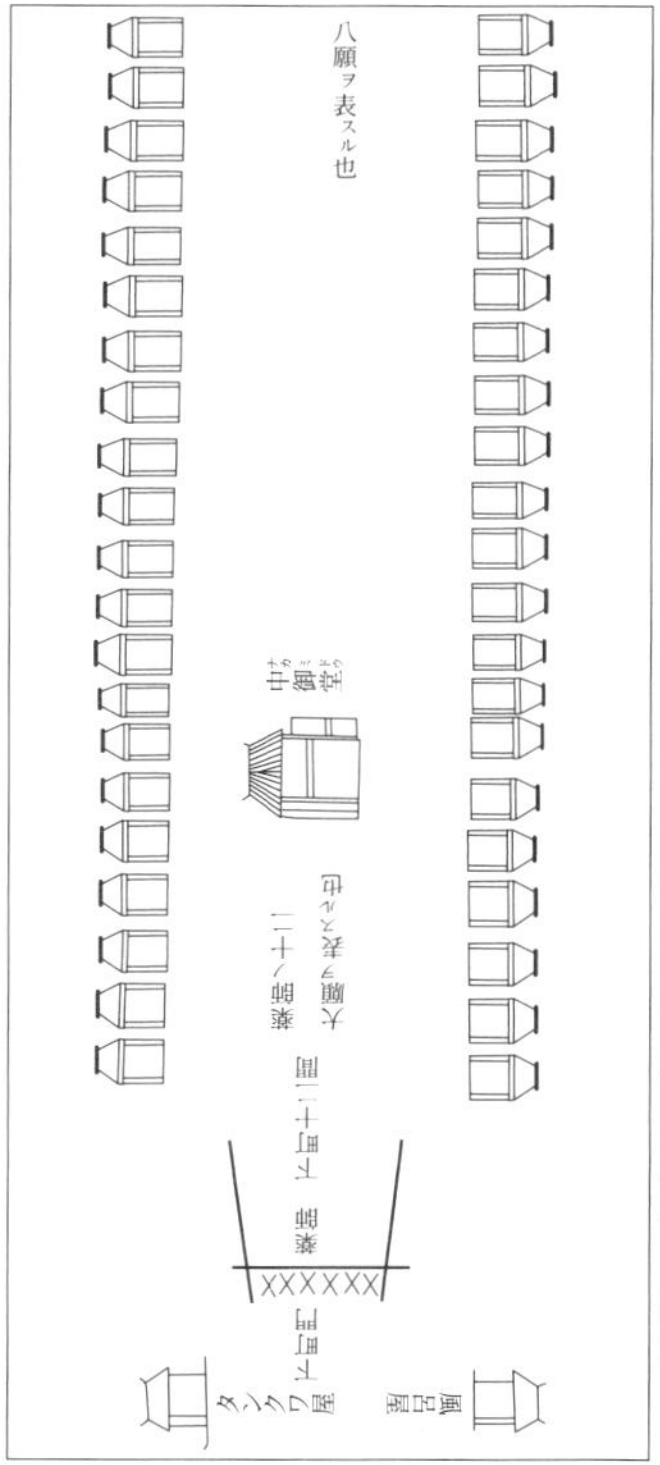

●―連釈の大事　「連釈の大事」は，いく種類かのものが残る。近世初頭の作(店棚，市場)の姿を，そこから読みとることができる。

○上町48間(実際には32種の店しか書かれていない)に記される店棚。

1. 各地の商人―野々河(近江得珍保の野々川商人)，長命(信濃海野宿・長明)，払戸(フット，すなわち霞ヶ浦の港津，常陸国浦渡宿〈古渡宿〉を拠点とした商人)，麻葉(伊勢朝熊商人)，須菜(須歳とも。不明)，蔵津(蔵王とも。不明)。
2. 種々の商品―こふく(呉服か)，朱，米，大豆，紙，白器(しらき)，ごき(修行僧や乞食のもつ椀)，い勢物(伊勢の人がつくった商品？)，くた物(菓子，果物)，さしかさ(差す傘)，ちょうちん(提灯)，なべ，かま，あく(灰汁か)，すみ(炭)，くし(櫛)，はり(針)。
3. 職人とその製品―檜物，紺かき，弓矢，蠟燭，油，鍛冶，番匠，あい物。

○下町12間に記された店棚，風俗業者もいる。

の争奪は、規律がなければ日常茶飯だろう。一二四二(仁治《にんじ》三)年、安芸国・佐《さ》東《とう》市▲では、「饗応《きょうおう》」があった。むろん酒も売っていた。接待・もてなしの場にも使われたが、ここではそれが殺害事件にもなっている。武力をもつ武士の出番は当然に多くなる。検断権《けんだんけん》(警察権)をもつ武士が市場を取り仕切った。

地頭は市場在家を所有していた。頻発する喧嘩闘諍《とうそう》を押さえ、秩序を維持した。検断すなわち武力行使を背景とした支配である。ときには和市の決定にも関与した。荘園所職による物資の流通にかかわる利権があった。毎年必ず納入される年貢は、確実な収入であったから、それを担保として金融業者が介在しやすかった。

市にはさまざまなものがあって、主要街道・港津に面した拠点の市は店舗もならぶ。しかし一日市から十日市までの、すべてがそうしためぐまれた条件下にあったわけではなく、なかには河原(陸奥国河原《かわら》宿市場在家)や荒野に立てられた市もあった(越中国石黒荘天満《てんま》市・高宮《たかみや》市)。人出が少ない市日もあるから、芸能者も連釈商人も休暇をとった。

▼佐東市　現広島市安佐《あさ》南《みなみ》区。

地頭の市場支配

以下は、一三三四(建武元)年の新見荘地頭方・市庭御公事銭《みくうじせん》の内訳である。

合

壱貫四百文　弓事銭

四百文　駄銭

壱貫弐百文但依二商人多少一、毎年用途足不同也　紺《こうがい》借《かり》屋《や》 幷《ならびに》 座役銭《やくせん》

三貫六百文

「紺借屋幷座役銭」とある。紺借屋は、さきの紺掻屋の可能性もあるが、文字どおりに解すれば紺屋の借家であろう。市の座に加入するうえで、座役銭▲が必要だったし、在家をもたぬ者は借屋する必要があった。そのうえでさらに弓事銭というものも支払う必要があった。そこまでしてでも市に在家をもつことには、大きな魅力があった。薩摩《さつま》国入来院《いりきいん》▲に関する嘉暦《かりゃく》四(一三二九)年の目録に、「当所に市庭あり、これ則ち得分あるの地なり、もっとも御配分あらんことを欲す」とある。地頭は市場の統制をはかったが、秩序を維持する見返りとして課税した。しかし商人が集まらないケースでは、一定の保護をはかりつつ、在

▼座役銭　年貢・場所代。

▼入来院　現鹿児島県薩摩川内《せんだい》市のうち旧入来町。

▼**伊作荘**　現鹿児島県日置《ひおき》市。旧吹上《ふきあげ》町の大部分。

家を招きすえることもした。長嶋荘高橋市場在家は在家が譲りの対象であった。この地頭一族はいくつかの家に分かれていた。一族で市場在家数宇を所有していたものか。それが利権だったから譲状に記された。さきの熊谷郷の事例からすれば、市場在家は市場田をともなうもので、管理にかかわる建物だったらしい。元徳《げんとく》年中(一三二九〜三一)、薩摩国伊作《いざく》荘▲市場在家を地頭と雑掌《ざっしょう》が争ったことも、こうした利権争いの事例である。あるいは地頭自身が金融業者なのかもしれない。

一三五三(文和《ぶんな》二)年、安芸国沼田《ぬた》荘の地頭小早川《こばやかわ》氏は市場に関して禁制《きんぜい》《きんせい》をだした。その一は、被官人《ひかんにん》が市庭の所縁に属し、宿所を構えて居住することの禁止、その二は御内《みうち》・若殿原《わかとのばら》が市場住人の女子と婚姻することの禁止である。市場住人はみずからの権益を守るうえで、大きな影響をもつ地頭の一族に接近しようとしていたし、地頭被官人も市場に入り込むことによって、利益の確保をめざした。市場への居住、関係者との婚姻は実現をはかりうる近道だった。地頭小早川氏はこれをきらったが、市場の掌握に関してはもっとも熱心であった。しだいに家臣団内に市商人との縁故がふえる。それによっての発言が多く、事態が複雑化する。営利を独占的に支配することに支障が生じ、統制が困難になることを小早川氏は忌避《きひ》した。市場支配はかぎりなく魅力的であった。

筑前《ちくぜん》・豊前《ぶぜん》を流れる大河が遠賀《おんが》川である。この流域に筑前国粥田《かいた》荘があった。本庄《ほんしょう》《ほんじょう》よりもはるかに加納《かのう》が多く、鞍手《くらて》郡と、隣郡の遠賀郡域(御牧《みまき》郡域)にも存在した(六〇ページ参照)。さらに「当国(筑前)分弐百八十五丁、豊前方陸拾《ろくじゅう》五町」とあるように、筑前のみならず、豊前(田川《たがわ》郡)にもまたがる荘園であった。

その豊筑国境に接して境郷があって、筑前国粥田荘堺郷と豊前国境《さかい》荘《(郷)》があった。境は最大の支流彦山《ひこさん》川と遠賀川本流の合流点である。粥田荘側の境は、一四七九(文明《ぶんめい》十一)年の高野山文書に「さかい・市屋敷銭」「市分　堺郷」とみえ、市場があったことがわかる。一三三四(建武元)年、堺郷鎮守《ちんじゅ》祇園社《ぎおんしゃ》がみえるが、市神と思われる。「庄屋敷最前ヨリ堺郷ニアリ」とあるように、荘衙《しょうが》(政所)もあった(『筑前国粥田荘史料』)。境に設定された人給《にんきゅう》・免田《めんでん》をみると、他地域にはないような皮染・鍛冶《かじ》・紺掻《こうがい》・檜物《ひもの》・土器《かわらけ》などがあったことはさきにもふれた。手工業者が多数集まっていたことがわかる。檜物は川下しでここまで材料を運んだか。都市的な場であった。

国境を挟んで「豊前堺荘」「豊前国田河《たがわ》郡堺郷」があったことをみたが、一一九一(建久《けんきゅう》二)年には筑前国頓野《とんの》地頭代兵衛三郎《ひょうえさぶろう》とのあいだに堺相論があった。遠賀川本流域の豊前国側には金田《かなだ》荘▲もあった。金田荘には市津村もあった(「いつち」と読むのだが)。じつは豊前金田荘には筑前側に飛地《とびち》があって、中世文書(二階堂《かいどう》文書)では直方《のおがた》村(能方村)としてみえる。金田屋敷といわれ、近世を通じて四周を筑前各村に囲まれる豊前国飛地だった(明治になって鞍手郡福地《ふくち》村中泉《なかいずみ》金田屋敷として編入された)。このように国境が入り乱れていることは、それだけその場に大きな利権があって、境界紛争を生じやすかったことを示す。

▼金田荘　現福岡県田川郡福智《ふくち》町のうち旧金田《かなだ》町一帯。

津・倉敷・海上番役

津・倉敷は海の支配にもかかわる。一二六二(弘長《こうちょう》二)年に「三入《みいり》荘倉敷」をめぐる熊谷一族内の相論が起こった。倉敷は荘園外の港津におかれる。太田《おおた》川の下流域にあったものであろう。あるいは、嘉禎《かてい》元年の熊谷家文書に佐東倉敷がみえるから、これと同じかも知れない(太田川右岸、佐東市は四八ページ参照)。倉敷は市場在家と同等の利権を地頭にもたらしたものである。

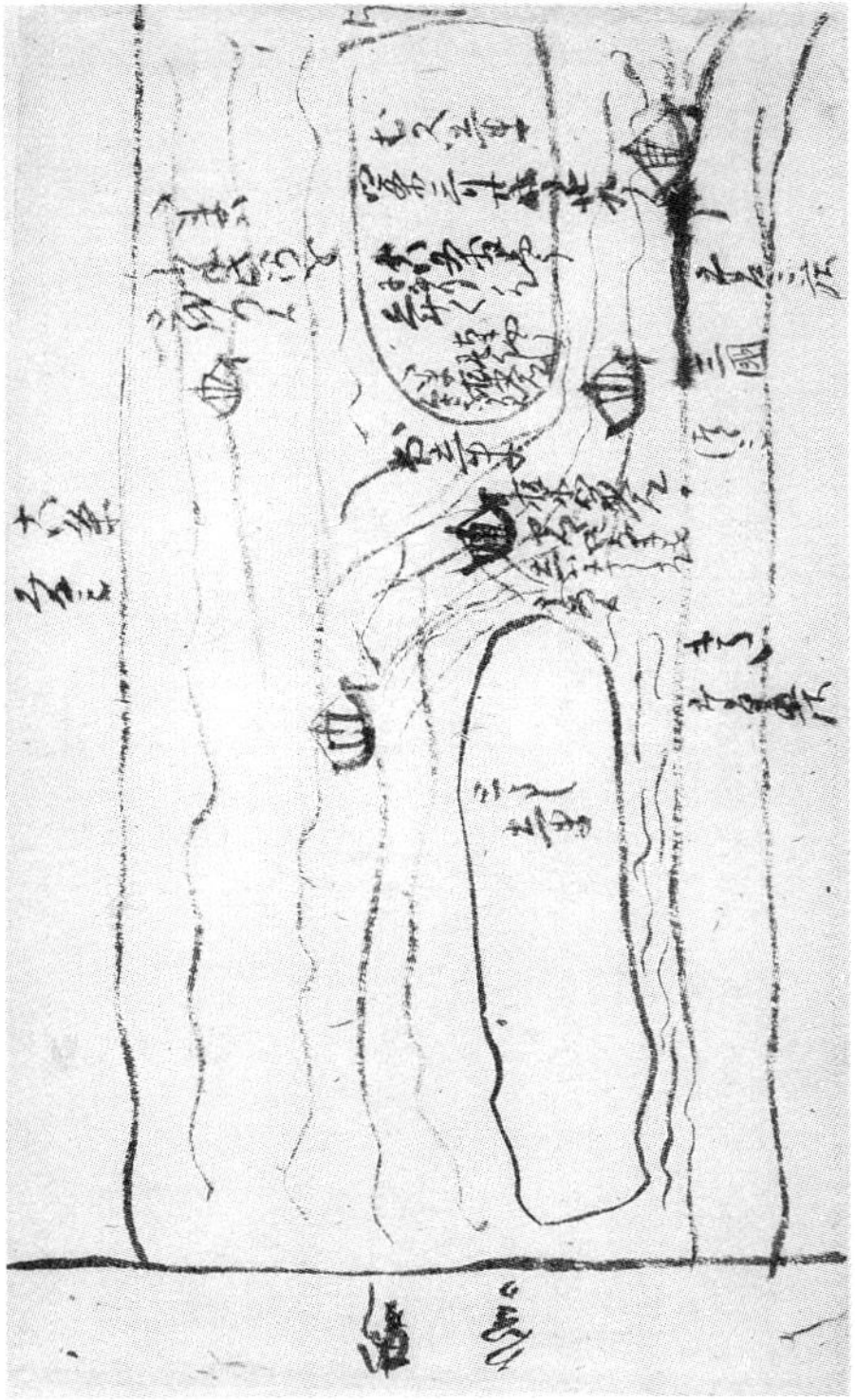
「垂水荘絵図」(教王護国寺文書)　左(東)が上流。

「大湊一覧」

●──船の列　ともに淀川三角州の河口から，満潮にのって遡る船の列が描かれる。上は永享6(1434)年ごろ，下は天保5(1834)年ごろ。風をうけながら川筋を上る。帆のかけ方(片帆)に技術を要した。

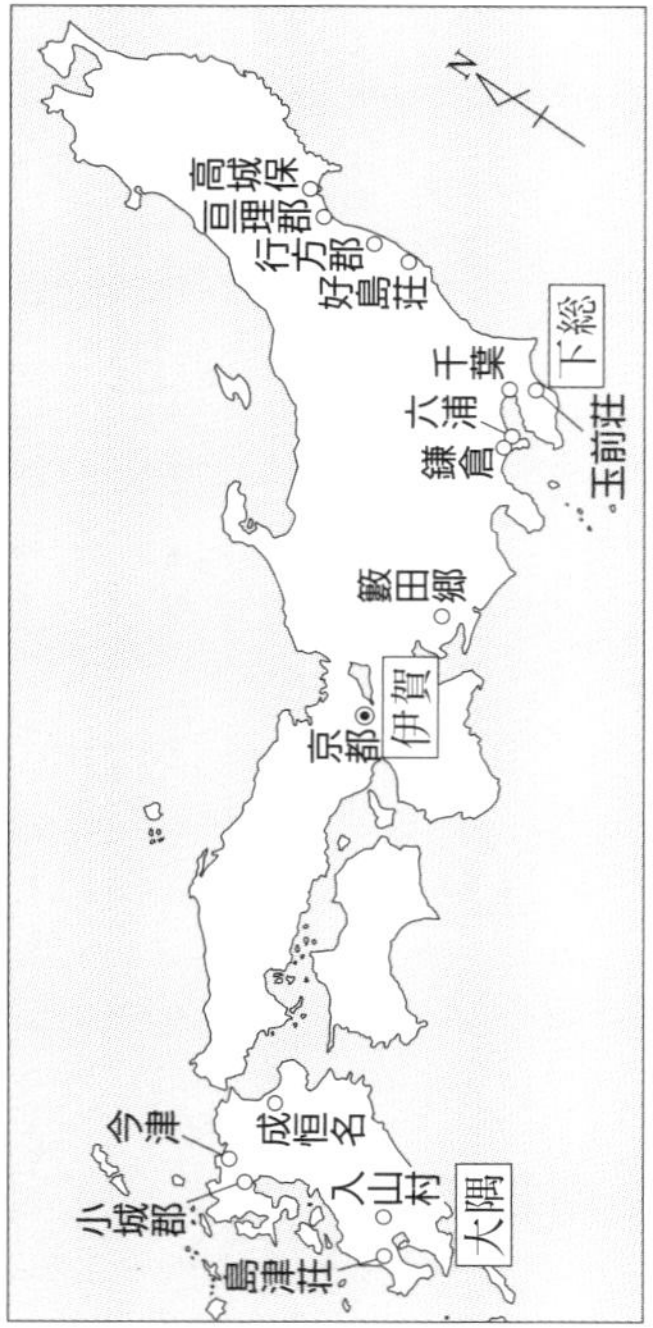

●──千葉氏の所領の分布　海に面した所領が多い。筑前国今津は博多湾の良港だった。野口実作成。

市の検討の際に、肥前国長嶋荘、高橋市場在家を紹介したが、地頭は橘薩摩氏であった。この一族の本貫地《ほんがんち》は伊予《いよ》国宇和《うわ》郡、かの日振島《ひぶりじま》の所在地である。藤原泰衡《ふじわらのやすひら》追討の奥入《おくいり》合戦勲功地として得たのが出羽《でわ》国男鹿島《おがしま》であった。男鹿半島である。のちに宇和郡地頭職は西園寺《さいおんじ》家に引きわたし、代替に得たのが、長嶋荘だった。内陸ながら六角《ろっかく》川の潮位変動を利用して有明海に直結していたことは既述した。いずれの所領も海に関係が深い。潮がさかのぼる位置に、市場が展開し、最上流の潮汐限界点には橘氏の館があった。すなわち惣地頭橘公《きみ》義《よし》に三人の子があって、それぞれ渋江《しぶえ》、中村、牛嶋《うしじま》を称する家の祖となるが、渋江館、中村館、牛嶋館は近接してこの六角川の岸辺にあって、元禄《げんろく》期の絵図に渋江森、中村森、牛嶋森として描かれている。ここを押さえれば、潮汐を利用しての内陸部への物資の運搬が可能であった。江戸時代以来、六角川蛇行河川の直線河道化・ショートカットがあって、潮汐の上昇点はしだいにさがったと考えられるが、今もここまで潮汐がのぼる。引き潮になれば、直ちに海にでることができた。

日本海、京都、九州有明海に拠点をもつ橘薩摩一族は、海の民であった。

長嶋荘所在・杵嶋郡の東隣りに小城郡《おぎ》がある。ここに関東・下総《しもうさ》から入部したのが千葉氏である。千葉氏の館《やかた》は今の小城町の妙見社《みょうけんしゃ》地近くとされている。あるいは千葉城であるともいう。しかし初期の館は、別位置にあっただろう。すなわち有明海につながる牛津《うしづ》川の流域にあったと考える。

牛津川にも市津があった。「いちは(一は、市場)高橋、には(二は、荷は)牛津」といわれて、さきの高橋と繁栄を分かちあった牛津である。市津はこの川と陸路の交点におかれた。陸路はのち、江戸時代になって長崎街道と呼ばれるようになる道である。牛尾《うしお》神社後背の山に、牛尾城が築かれ、南北朝期、一三五〇(貞和《じょうわ》六)年に争奪戦が行われている。さらに牛津川支流晴気《はるけ》川にそって三岳寺《さんがくじ》があった。中世文書が残されていて、千葉氏初期の菩提寺《ぼだいじ》だったと確認できる。寺の対岸に「タチ《（館）》屋敷」という地名が残っている。牛津と三岳寺のある門前のあいだには「橋津《はしつ》」という地名もあった。初期千葉氏の館は、この門前・タチ屋敷にあったのではないか。千葉氏もまた、海を向いた武士だった。

一三三〇(元徳《げんとく》二)年、備前国則安名《のりやす》▲内福輪寺《ふくりんじ》村地頭代として伊賀盛光《いがもりみつ》代盛郷《もりさと》を訴えた人物に阿一《あいち》(代官覚恵《だいかんかくえ》)がいる。彼女の子息は松田七郎三郎《まつだしちろうさぶろう》を称した。

▼則安名　現岡山市北区津島付近。

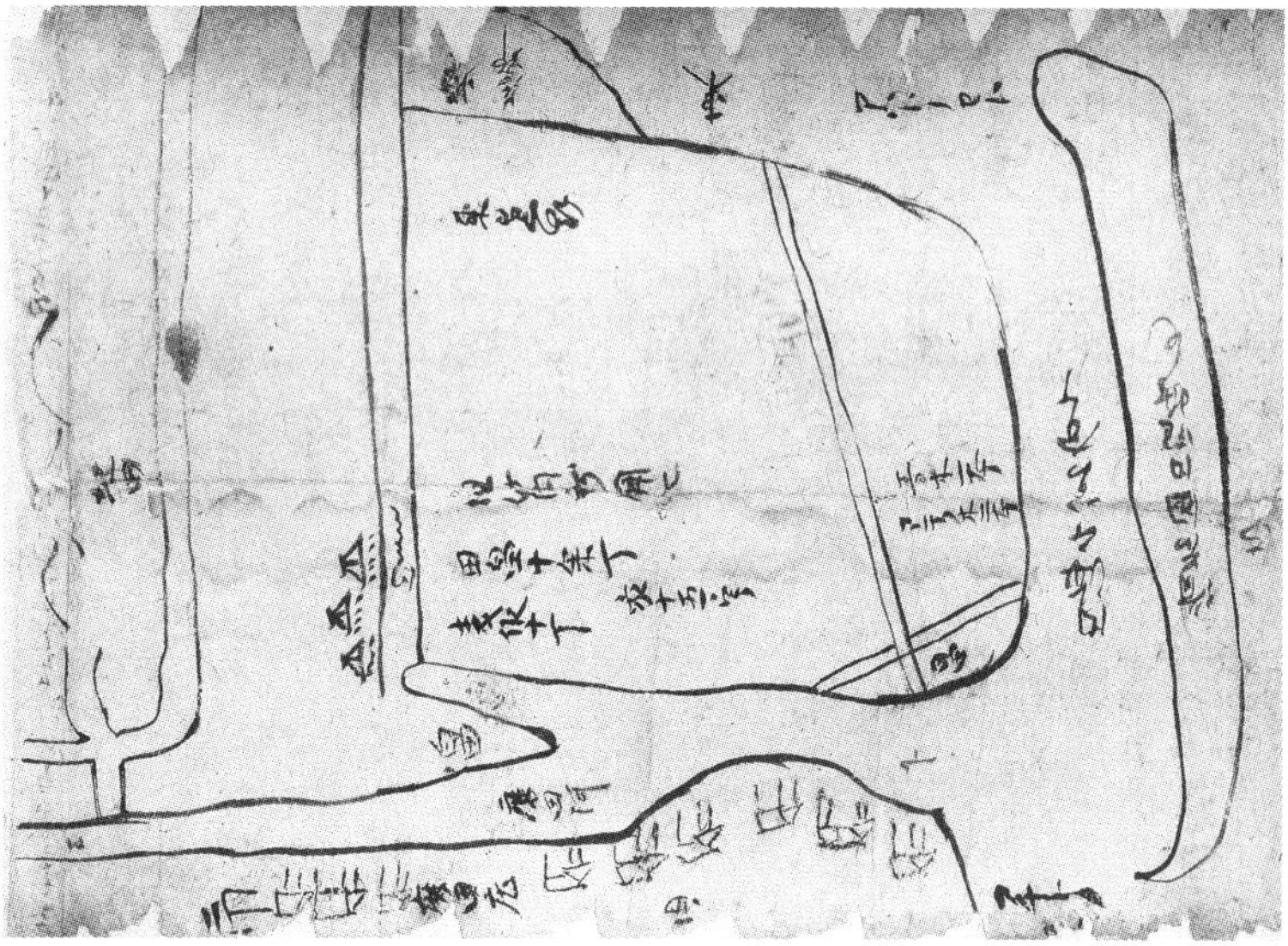

●—河口の津・鹿田荘の市(「備前国上道郡荒野絵図」大宮家文書，複製)　写真の下に「市・鹿田庄」と読むことができる。9戸の家がたちならぶ。鹿田河々口(旭川河口)にあった。海からの目印となるエノキ1本とアテノキ(「あすなろ」であろうか)2本が明示されている。

阿一も松田氏であるとわかるが、関東御公事のほか「海上番役《ばんやく》」を勤仕していた。船を自由に操作できた兵力であり、水軍といってよい。論人伊賀氏は鎌倉《かまくら》時代の備前守護《しゅご》で、訴人松田氏は室町《むろまち》時代に備前守護となる。松田氏を研究した榎原雅治は、福輪寺村は今の岡山市津島《つしま》にあって、山陽道《さんようどう》の通過地点で、福輪寺門前であったこと、山陽道にそっては市地名が多くあったこと、彼らの一流が鹿田荘《しかた》▲を拠点としたこと、鹿田荘は旭《あさひ》川の河口にあたり、中世市の存在を「上《じょう》道《どう》郡荒野絵図《こうやえず》」（前ページ図版参照）で確認できること、足守《あしもり》川の河口に「松田屋敷」そして「市場」、ほか船関係の地名が残ることなど興味深い事実を紹介した。松田一族は流通に深い関わりをもち、市・宿場・津を掌握すると同時に、「海上番役」すなわち海上警固をつとめる海民であった。これらのことによって、なぜ彼らが津・市に深い関わりをもちえたのかも明らかになる。彼らこそが海上における交易の安全を保障した。海と陸、双方の検断権《けんだんけん》掌握者だった。

小早川氏は土肥実平《とひさねひら》の後裔である。実平は相模《さがみ》国早川《はやかわ》荘土肥郷、すなわち今日の神奈川県足柄下《あしがらしも》郡湯河原《ゆがわら》町を本貫地とした。一一八〇（治承《じしょう》四）年、石橋《いしばし》山《やま》合戦▲敗北のあと、源頼朝《みなもとのよりとも》、北条時政《ほうじょうときまさ》らを安房《あわ》に逃す際、みずからの領地

▼**鹿田荘**　現岡山市南部。

▼**石橋山合戦**　治承四年八月、相模国足柄下郡の石橋山で平家方《へいけがた》の軍隊が源頼朝を破った戦闘。

▼『吾妻鏡』　鎌倉幕府の創始期から中期までの事蹟を、幕府自身で編纂した歴史書。

▼高市郷　現愛媛県今治《いまばり》市。

である真名鶴《まなづる》あるいは岩鶴《いわづる》から出発させた。『吾妻鏡《あづまかがみ》』▲には、実平が土肥住人貞《さだ》恒《つね》に船を用意させ、「武衛《ぶえい》(頼朝)を相具して、実平、扁舟《へんしゅう》に棹《さおさ》す」、すなわち頼朝は実平と同じ船で安房に渡ったと記されている。実平が船・水夫《かこ》の調達、海上の案内をすべて行った。主従のみを渡したわけではない。武士団を渡海させた。実平は海を知悉《ちしつ》しており、水軍を率いることができたといってよい。

この武士団が南北朝期にはいると瀬戸内海島嶼《とうしょ》部に発展し、海路をおさえて活発な商業活動を行ったことはよく知られている。小早川朝平《ともひら》は伊予国高市《たかいち》郷▲の所領を拠点に、二度にわたって、海賊を捕えた。室町期には朝鮮貿易を行い、厳島《いつくしま》合戦には七〇艘の警固《けいご》船で来援し、勝利を決定づけた。

九州随一の水軍・山鹿秀遠とその末裔

平安末期、筑前国の遠賀川下流域、および洞海《どうかい》湾に力をもった武士として、山鹿《やまが》荘の兵藤恒正《ひょうどうつねまさ》(経政・『宇治拾遺物語《うじしゅういものがたり》』に登場)、粥田前武者所《さきのむしゃどころ》藤原経遠《つねとお》(『宇《う》佐大鏡《さおおかがみ》』『続左丞抄《ぞくさじょうしょう》』に登場)、山鹿(山賀)兵藤次秀遠《ひでとお》(『平家物語』)らの名が知られている。菊池《きくち》系図(『続群書類従《ぞくぐんしょるいじゅう》』)に、

- 経隆 兵藤警固太郎
  - 経政 山鹿大夫
  - 経頼 兵藤四郎
    - 経宗 兵藤武者
    - 経遠 薩摩四郎
      - 秀遠 兵藤次、山鹿居住

とある。みな菊池一族で、さきの三人は伯父・甥あるいは親子であった。『平家物語』壇《だん》ノ浦《のうら》合戦に山賀《（山鹿）》兵藤次秀遠は「九国一の強弓精兵」であり、五〇〇余艘で先陣に漕ぎ向かったとある。ほかは松浦党《まつらとう》三〇〇余艘が二陣、平家公達《きんだち》二〇〇余艘が三陣を構成した。源氏方《げんじがた》の熊野《くまの》水軍が二〇〇余艘、河野《こうの》水軍が一五〇艘だったから、いずれをも、はるかにしのぐ。「平家の船は千余艘、唐船《からぶね》少々相交れり」ともあるから、中国人船頭（綱首《こうしゅ》）の船もまじっていた。おそらく山鹿秀遠は日宋《にっそう》貿易に携わる人にも、軍事的な指揮権を有していた。「九州随一の水軍」とあるが、実質は日本一の大船団を率いていた。

平家軍事力の主力を担った兵藤氏、粥田・山鹿一族はあえなく滅亡したかのようにみえる。粥田・山鹿一族がもっていた所職・利権は、そのまま勝者となった源頼朝のものになった。やがて山鹿荘・粥田荘など多くが北条氏の所領になっていく。

　一一九七(建久《けんきゅう》八)年に作成されたと考えられる筑前国鞍手郡図田帳《ずでんちょう》が、一三二五(正中《しょうちゅう》二)年の鎮西裁許状《ちんぜいさいきょじょう》(『鎌倉遺文《いぶん》』二九〇七九)に引用されている。巨大荘園で、さきにもふれたが(五一ページ参照)、「庄領内の粥田庄は、本庄八拾(十)町・加納陸(六)百余町なり、加納内に有木五十丁・野母《のぶ》(野面)八十町・感田《がんだ》六十町・楠橋《くすばし》弐(二)百余町あり、以上参(三)百九十丁なり、寺家当知行分は弐(二)百玖拾(九十)余町なり」とある。本庄、つまりもともと成立したときの荘領は、わずか八〇町だったが、加納(新庄)、のちの増加分が六〇〇丁と七倍半もあった。このうち本庄は一二九三(永仁《えいにん》元)年にも「本庄」とみえる地域で、今の宮若《みやわか》市本城《ほんじょう》(本庄)の一帯であろう。加納であった感田は直方市、野面(野母)は、北九州市八幡西《やはたにし》区で旧鞍手郡、楠橋も八幡西区だが、中世には遠賀郡(旧御牧《みまき》郡)だったらしい。本庄は鞍手郡のごく一部だったが、荘は遠賀郡(御牧郡)にも、そしてさらに豊前国田川郡にまで拡がるものだった。

　楠橋・野面・感田はともに遠賀川沿い、右岸にあって南から北にならぶ。ほぼ木屋瀬《こやのせ》駅(宿)の周辺となる。京街道・筑紫道(近世唐津《からつ》街道・長崎街道)の遠賀川渡河地点であった。

一一六〇（永暦《えいりゃく》二）年遠賀川支流犬鳴《いぬなき》川沿いにあった金生封《かのうのふう》から年貢を送った記録がある。正米《しょうまい》つまり東大寺《とうだいじ》に届けた米のほかに、その半分に相当する米が運送費として計上されている。運送役の統領である梶取《かんどり》、実際の運行責任者と思われる水手《かこ》四人、船の使用料、「本賃料」（おそらく湊《みなと》ごとに雇う人夫《にんぶ》・漕手《こぎて》の賃金）ほか欠料（おそらく米が濡れて損害がでたときの損害保険分）、また平駄《ひらだ》賃料と国津《こうづ》川下平駄賃料がそれぞれ計上された。平駄は艜、平田とも書き、『新撰字鏡《しんせんじかがみ》』（八九八〜九〇一〈昌泰《しょうたい》元〜延喜《えんぎ》元〉年）や『色葉字類抄《いろはじるいしょう》』（一一七七〜八一〈治承元〜養和《ようわ》元〉年）にみえており、ポルトガル宣教師《せんきょうし》によって作成された『日葡辞書《にっぽじしょ》』（一六〇三〜〇四〈慶長《けいちょう》八〜九〉年）には「Firada または Fitrata、川舟として使われるような、幅が広くて底の浅い舟」とある。支流犬鳴川から、合流したあとの遠賀川本流にくだると、大きな舟に荷を積みかえた。国津川は遠賀川のことであろう。おそらく途中の木屋瀬辺りで大型の平田船（舟）にかえた。ほかに水手への功物《こうぶつ》料、謝礼として絹《きぬ》も計上されている。

木屋瀬は中世に「野面《のぶ》内・木屋瀬津」とみえる（麻生文書）。前掲高野山文書（五一ページ参照)に「出挙《すいこ》三石　木屋瀬ニテ借用」ともあって、金融業者・借上《かしあげ》がいた。陸上交通・水上交通の結節点、流通の要《かなめ》といえる。

ところで平家時代に「九国一の強弓精兵」といわれ、五〇〇余艘もの軍船を率いた水軍の将、菊池流、兵藤山鹿・粥田一族は、まったく歴史から消え去ったのだろうか。続く時代に、本当になんの痕跡も残せなかったのだろうか。

一三一七(文保《ぶんぽ》元)年の関東下《げ》知状《ちじょう》に「豊前市津《いっち》平次郎《へいじろう》跡」が「菊池三郎次郎入《さぶろうじろうにゅう》道浄宗《どうじょうそう》跡」にあてがわれている(青柳種信筆写文書)。市津は遠賀川本流と分かれて、彦山《ひこさん》川をわずかにのぼった位置にあり、金田《かなだ》荘の一部であった。菊池一族は依然として遠賀川流域に息づいていた。

南北朝初期、六条八幡《ろくじょうはちまん》社《しゃ》領・筑前国若宮《わかみや》荘▲(犬丸・武恒)に対して、武藤《むとう》肥前守・開田佐渡次郎《かいたさどじろう》による濫妨《らんぼう》が続いていた。開田佐渡次郎遠員《とおかず》およびその一族開田出羽守遠長《でわのかみとおなが》に関しては何点かの史料があり、彼らが相伝《そうでん》と主張し、また足《あし》利尊氏《かがたかうじ》から安堵《あんど》もえた所領《しょりょう》群がわかる。それを整理すると、肥前国高来《たかき》東郷のうち、有家《ありえ》村・有馬《ありま》村・加津佐《かづさ》村半分・三会《みえ》村、肥前国神崎《かんざき》(埼)荘・加世《かせ》荘、日《ひゅう》向《が》国吉田村、筑前国底井野《そこいの》郷・頓野《とんの》郷(村)となる。高来東郷は有明海(島原《しまばら》湾)沿岸

▼**若宮荘**　現福岡県宮若市のうち旧若宮町一帯。

で、島原半島南東海岸部である(次ページ図版参照)。嘉《か》瀬《せ》川河口の加世荘(嘉瀬荘)は肥前国府津《こうづ》であるし、筑後川河口の神崎荘は大宰府《だざいふ》の有明海側外港に相当する。筑前国遠賀郡底井野郷は遠賀郡、今の中間《なかま》市で、頓野郷は鞍手郡、今の直方《のおがた》市である。遠賀川の左岸・右岸にあたっている。すなわち有明海の先端と、一番奥、そして遠賀川流域が彼らの所領だった。

高来東郷の各村はのちのキリシタン宣教師《せんきょうし》の活躍の場である。開田氏所領の村それぞれ(有馬・有家・加津佐)には、のちに原城《はらじょう》▲・セミナリヨ▲・コレジヨ▲がおかれた。アジア・中国からの窓口といえる。三会村も布教の拠点で、近世には藩倉《はんそう》があった。また佐賀平野の嘉瀬・神崎両荘は、ともに明書《みんしょ》にも記される良港嘉瀬津、また蒲田《かまた》津の所在地で、嘉瀬津は鑑真《がんじん》が到着したという伝説をもち、『平家物語』に鬼界《きかい》が島《しま》に流される平康頼《たいらのやすより》・俊寛《しゅんかん》らが出航した港として記される。神崎荘(蒲田津)は一一三三(長承《ちょうしょう》二)年に宋《そう》船が来着したことで知られていよう(『長秋記《ちょうしゅうき》』)。これらの港は九州管内の内海・外海交通、さらには日本・中国貿易の拠点であった。

開田氏への恩賞《おんしょう》配分は、明らかにこうした港津の支配にかかわり、それを

▼**原城**　長崎県南島原《みなみしまばら》市南有馬町にあった城。

▼**セミナリヨ**　イエズス会インド巡察師《じゅんさつし》バリニァーノにより、日本人聖職者の養成と上流子弟の教育を目的として設立された一般教育機関。一五八〇(天正《てんしょう》八)年下《しも》地区(九州)の有馬と都《みやこ》地区の安土《あづち》に開設されたのがはじまり。

▼**コレジヨ**　キリシタンの神学《しんがく》院《いん》(神学予備課程)。イエズス会東インド巡察師バリニァーノが、豊後のキリシタン大名《だいみょう》大友義鎮《おおともよししげ》(宗《そう》麟《りん》)の援助をえて、一五八〇(天正八)年府内《ふない》に創設したのがはじまり。

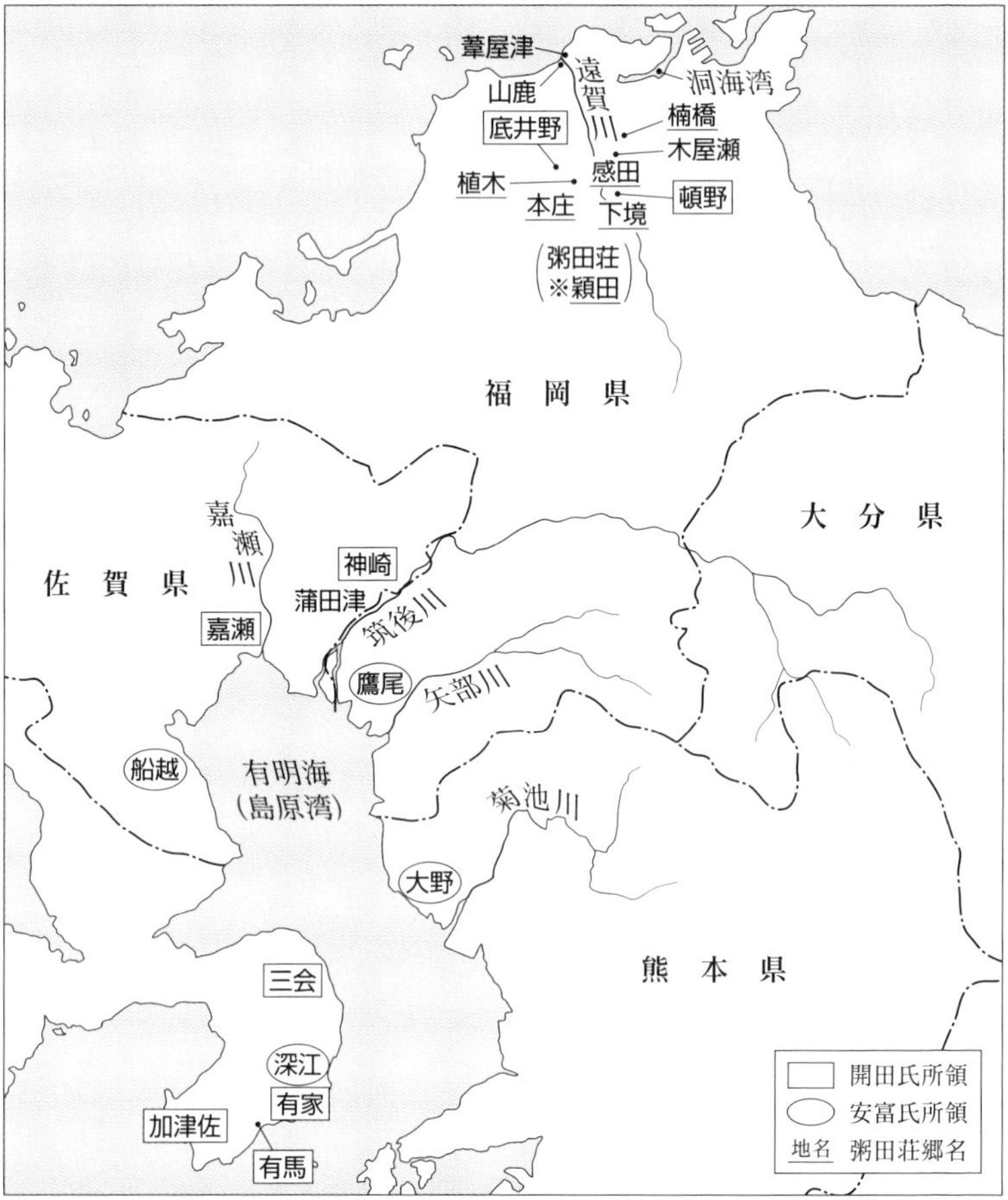

●──開田氏・安富氏，恩賞地・所領関係地図

通じて足利氏が交易による巨利をえようとしたものであろう。有馬・有家・加津佐のような海外貿易港として知られる地域の支配は、対アジア貿易を念頭においたものであると推測させる。

そして開田一族は、こうした有明海の多数の港と同時に、筑前国遠賀郡底井野郷と鞍手郡頓野郷の地頭職もえていた。足利直冬《ただふゆ》が、敵地「開田跡」として味方の将安富《やすとみ》氏に頓野郷をあたえてもいる。いわば「空手形《からてがた》」で、攻め落とさなければ自分のものにはならなかった。しかもここをあたえられた安富氏にとって、頓野という所領は、はるかに遠く、筑前を豊前とあやまって記されてしまうほどだった。しかし安富氏にはとりわけて頓野が重要だった。眼前の敵、開田氏の本拠地だったからである。

安富氏の所領は、鎌倉期には肥前国高来東郷内深江《ふかえ》村・伊佐早《いさはや》荘船越《ふなこし》村(今の鹿島《かしま》市か)・神崎荘、肥後《ひご》国大野別府《おおのべっぷ》岩崎《いわさき》村(玉名西郷《たまなにし》、今の熊本県玉名《たまな》市のうち旧岱明《たいめい》町付近)、筑後国瀬高《せたか》荘鷹尾《たかお》別符(今の福岡県柳川《やながわ》市のうち旧大和《やまと》町付近)であり、多く有明海に面した河口津の所在地だった。▲海民の要素が濃厚である。

また根本所領の深江村は有間(馬)荘内とあるから(一二九二〈正応《しょうおう》五〉年)、有馬村が開

▼安富氏所領　安富氏所領については深江文書(『佐賀県史料集成』四巻)参照。

田氏の所領となれば、対立する要素もふえた。安富が遠隔地であるにもかかわらず、筑前国頓野に執着したことこそ、開田氏の拠点が頓野にあったことを如実に示している。

開田氏は遠賀川流域では頓野に拠点をおく一方、勢力の拡張もはかり、「預所」であると主張して、若宮荘にも濫妨(乱暴)を繰り返していた。別勢力から、預所に補任された経緯があったのだろう。頓野と若宮は距離にして八キロほどで、しばしば越境した。開田一族は内海流通、また海外貿易への志向を大きくもつと同時に、遠賀川流域にもいくつかの拠点をもっていた。

頓野郷は遠賀川本流と支流犬鳴川が合流する地点にある。加納であった感田も隣接する。さらに上流に進むと粥田荘境(堺)になる。みたように境(堺)には中世以来市場・荘政所があって、流通の結節点であった(五一ページ参照)。地理的な共通性からいって頓野郷も同様な流通経済の中心になる地点であった。

開田一族は南北朝期になって、忽然《こつぜん》とあらわれる。だが開田は「カイタ」と読めて、粥田に通ずる。粥田は『和名類聚抄』《わみょうるいじゅうしょう》▲高山寺本《こうざんじぼん》に「加以多」と訓読がある。近代には香井田《かいた》村、隣接して穎田《かいた》町があった。頓野郷自体は粥田荘とは別

▼『和名類聚抄』 日本最古の意味分類体の辞典。

の郷として名がみえる。しかし明らかに隣接していた。粥田荘に内包されているともいえる。彼らが拠点とし、また行動範囲とした頓野、そして若宮はまさしく粥田荘至近の隣接域である。開田一族は遠長、遠員を名乗っていた。「遠」の字を通字《つうじ》▲としている。山鹿秀遠・粥田経遠と、みな「遠」を通字としていた。開田一族の系譜はただちに明らかにはできない。しかし兵藤一族の後裔を意識していたことはまちがいない。鎌倉時代を通じて、姿を消したかのような、水軍の将、兵藤・開田氏はこうして南北朝期に華々しく再登場した。さきにみたように『平家物語』は山鹿秀遠の率いた五〇〇艘のうちに、唐《とう》船があったと記していた。水軍山鹿氏は日宋貿易にも従事しており、技術は継承されていた。遠賀川水運に携わった梶取・水主たち。北条氏は荘園所職への補任《ぶにん》、過所《かしょ》▲の発行を通じて彼らへの支配を強化するが、完全掌握まではできなかった。

兵藤氏にもさまざまな庶流があり、生き延びた一族が遠賀川水運、玄界灘《げんかいなだ》・瀬戸内海水運を支える下部の機構、水手・梶取を掌握していた。彼らは抑圧者たる源氏や北条氏の軍門にくだらなくとも、そのシステムの掌握で水運を支配することができた。その技術をすべて北条氏側に渡すわけにはいかなかった。

▼**通字**　代々、親から子に共通する一文字をあたえていくこと。足利氏(源氏)の「義」、徳川氏の「家」の字など。とおり字。

▼**過所**　関所通行証。過書とも書く。

▼『歯長寺縁起』　愛媛県西予《せいよ》市所在の歯長寺に関わる縁起。一三二〇(元応二)年以来の記録。開田善覚子寂証の筆録。

▼文観　一二七八〜一三五七年。鎌倉・南北朝時代の真言僧。後醍醐・建武政権下では醍醐寺座主・東寺長者、つまり真言宗のトップとなる。

じつは開田一族の行動を考える素材がもう一つある。周防灘《すおうなだ》の対岸になるが、伊予国宇和《うわ》郡、今の愛媛県鬼北《きほく》町に等妙寺《とうみょうじ》という山岳寺院の跡がある。『歯長《しちょう》寺縁起《じえんぎ》』▲によると、この寺は一三二〇(元応《げんおう》二)年、理玉《りぎょく》による開基であるが、檀越《だんおつ》・開田善覚《ぜんかく》なる人物の力が大きかった。等妙寺は法勝寺《ほっしょうじ》流の遠国《おんごく》四箇戒《しかかい》場《じょう》の一つであった。円観恵鎮《えんかんえちん》の影響が大きな寺である。円観は法勝寺長老であるが、比叡山《ひえいざん》でも反主流の僧侶、聖《ひじり》らが集まる黒谷別所《くろたにべっしょ》を活動拠点として、既存宗教の改革を唱えた人物である。とくに戒律《かいりつ》を重んじ、天台律宗《てんだいりっしゅう》といってもよいような改革運動の旗手だった。彼らは重受戒《じゅうじゅかい》なる制度を設けようとした。いったん受戒を受けた僧侶も再度受戒する厳格な制度を確立しようとしたのである。そのための戒場がこの等妙寺だった。

円観恵鎮といえば、後醍醐《ごだいご》天皇の近くにいたことで知られる。醍醐寺の文《もん》観《かん》▲(小野《おの》)や忠円《ちゅうえん》(浄土寺《じょうどじ》)とともに、懐妊していない中宮《ちゅうぐう》の安産祈禱《きとう》を数年にわたって行っていた。御産祈禱にみせかけて、北条氏・呪詛調伏《じゅそちょうぶく》の祈禱を行っていたのである。発覚して鎌倉に送られ、ついで陸奥に流された。既存の天台仏教を批判するかたわらで、真言《しんごん》宗や真言律宗のように北条氏と結合する宗教勢力を憎んだ。法力《ほうりき》で執権高時《しっけんたかとき》らを呪い殺そうとしたほどで、反北条の権化《ごんげ》といってもよい。その門弟(理玉)が伊予につくった寺院に開田一族が資金を提供した。伊予宇和郡には皆田《かいだ》という地名があり、ここが開田氏の本貫地とされている。近くに法華津《ほけつ》という港があって、法華津苗字が大分に多いことから、伊予の海を挟んだ豊予の交流が指摘されている。開田善覚と開田出羽守らとの関係をただちに結びつけることはできないが、彼らは海の民であって反得宗《とくそう》・反北条に徹していたことなど、行動に共通性が多い。

平家滅亡後も菊池姓兵藤(山鹿・粥田)一族庶流は生き延びる。そして遠賀川の交通・流通に深く関与した。むろん先祖以来の葦屋津《あしや》(河口)、山鹿(河口)、また洞海湾が根拠地であるが、有明海側でも日宋貿易に関与していた可能性が高い。ときには海賊・悪党《あくとう》にもなった。鎌倉時代を通じての長い雌伏をへて、北条政権の打倒、後醍醐政権の樹立とともに、表舞台に登場した。ただし開田氏の所領であった頓野・底井野は、一四二五(応永三十二)年には九州探題渋川満頼《みつより》にあたえられている(蜷川《にながわ》文書)。開田一族は反足利行動をとった。開田氏が室町期に伸長することは、むずかしかったのかもしれない。

③——武士と河原の者

殺生《せっしょう》を業《なりわい》とする武士はケガレ・穢《え》に密接に関与した。『平家物語《へいけものがたり》』に平氏《へいし》が八《や》島《しま》の御所《ごしょ》にて首実検《くびじっけん》をしようとしたところ、「内裏《だいり》にて賊首の実検しかるべからず」とされて、大臣殿《だいじんどの》（平 宗盛《たいらのむねもり》）の宿所《しゅくしょ》にて実検をしたと記述されている。貴族化した平氏の場合でも、ケガレ・穢は武士たる平氏が引き受ける構造は変わらなかった。自身も含め、武士団の周囲には賤視された人びとがいた。そうした武士団の構造を、河原の者との関係を中心に考察しよう。

犬追物と河原の者

さきに武士の武芸に関連して狩猟《しゅりょう》を紹介した。そのおり犬追物《いぬおうもの》についても少しふれた。鎌倉武士のもつ武器・兵器で重要だったものは刀と弓矢・鎧《よろい》、そして馬である。弓矢には歩射《びしゃ》《ぶしゃ》と騎射《きしゃ》があった。歩射は神官や修験者《しゅげんじゃ》なども、調《ちょう》伏《ぶく》・悪霊《あくりょう》退散のために行うが、騎射は格別の技術を要し、そのための専門の訓練が必要だった。馬に乗って弓を射ることができ、刀を操作できる。それが武士としての資格だといえる。とくに騎射は射撃の瞬間には手綱《たづな》を放す。高度で危険な技術だった。幼少時代からつねに馬の腹を挟む訓練を受けるため、武士の大腿骨《だいたいこつ》は湾曲していたともいわれている。

武士の集団としての軍事訓練が狩りだとすると、個人の武技の訓練は、流鏑馬《やぶさめ》・笠懸《かさがけ》・犬追物で、いずれも騎射である。このうち犬追物は、標的である犬が動く。きわめて高度な技術を必要とした。犬追物には「縄《なわ》の犬」「外《そと》の犬」という二つの場面があった。縄の中央より放たれた犬が、一尺八寸（五四センチ）もある高い縄を越えようとする。その瞬間、逃げるスピードが落ちる。待ち構える一二騎のうち、近くにいた侍《さむらい》が、犬を鏑《かぶら》のついた矢（響目矢《ひきめや》）で射る。これが「縄の犬」である。射損ねれば、犬は逃げる。逃した責任者、すなわち近くの三騎が追いかけて射る。これが「外の犬」である。

縄の犬では、自身は馬上にいて動かない。まだ楽なほうだった。外の犬となると、自身も標的も、ともに動く。困難さは増した。

「二条河原落書《にじょうがわらのらくしょ》」（『建武年間記《けんむねんかんき》』群書類従）に「弓モ引エヌ、犬追物、落馬矢数《やかず》ニマサリタリ」とある。矢数（犬一匹を使う回数が矢数一）よりも落馬する回数が多い。手綱を放したまま、馬も弓も操作する。至難の技だった。

武士が好んで行った犬追物は標的を追いかけて射る「追物射《おものい》《おうものい》」に由来するものだった。合戦《かっせん》時には犬ではなく人が標的になる。実戦向きの訓練だった。この犬追物を行った馬場を犬の馬場といった。今、地名として残る犬の馬場はきわめて多い。九州各県、中国地方西部、兵庫県などで今に残る犬の馬場地名を一覧にしてみた(次ページ表参照)。この犬追物に当時差別されていたと考えられる「河原《かわら》の者《もの》」が参加していたことは案外に知られていない。さきに荘園《しょうえん》における武士と皮革職人・武具職人との関わりを明らかにした。この章でも賤視されていた人たちと、武士の関わりを追究してみたい。

犬追物では大量の犬を必要とした。一回十二騎の手組で一〇匹を放つ。その五回分五〇匹が基本単位である。三六騎三手の場合、三組が交替しながら行って、一五〇匹だった。普通は「朝」(午前)と「晩」(午後)に分け、あいだに一献があった。三〇〇匹はしばしばみられる。なかには「一代一度之大儀《たいぎ》之犬」「千疋《せんびき》之犬」という大がかりなものもあった。これは一〇〇〇匹を使用するから、四日ないし五日がかかる。一度使った犬は恐怖におびえ、すくんで動かなくなる

●──犬の馬場地名

〔九州〕

豊前(8)	北九州市東朽網犬の馬場，同市中貫・上貫犬《いん》の馬場《ばば》，同到津犬の馬場，赤村下赤犬の馬場，金田町犬の馬場，上野《あがの》犬の馬場，犀川町木井馬場弓《いん》の馬場
豊後(4)	玖珠町塚脇犬の馬場，豊後大野市緒方町小宛《おあて》犬馬場，日田市庄手《しょうで》犬ノ馬場，別府市鶴見犬馬場
筑前(4)	古賀市(糟屋郡)小竹《おだけ》犬の馬場，宗像市武丸犬の馬場，福岡市城南区田島犬の馬場(旧弓の馬場町)，宮若市浅ヶ谷犬ノ馬場
筑後(3)	みやま市高田町竹飯(竹井)犬の馬場，八女市川犬・犬の馬場，うきは市吉井町清瀬(大村)犬の馬場，小郡市横隈犬馬場，同市力武犬馬場
肥前(8)	小城市北浦犬の馬場，鹿島市浜町野畠犬王馬場，同市大殿分松原院の馬場，大村市三城乾《いんの》馬場，同市日泊町および(隣接する)大里町犬馬場，雲仙市小浜町北本村名犬《いん》の馬場，同市国見町宮田名亥戌《いんの》ノ馬場，唐津市後川内犬ノ馬場，長崎県五島市犬《いん》の馬場
肥後(5)	八代市古麓犬の馬場，菊池市隈府院の馬場，同市森北院の馬場，益城町砥川犬の馬場，錦町木上《きのえ》岩城《いわんじょう》犬の馬場
薩摩(6)	日置市伊集院町下谷口犬ノ馬場，南さつま市加世田麓町犬追馬場，同市金峰町花瀬犬ノ馬場，曽於市末吉町・末吉郷および諏訪方犬の馬場，薩摩川内市入来町二牟礼犬の馬場
日向(6)	宮崎市古城犬馬場，同加江田犬ノ馬場，同広原犬馬場，同浮田犬ノ馬場，延岡市旭ヶ丘犬ノ馬場，国富町深年犬ノ馬場
大隅(3)	霧島市国分上小川《かみおがわ》犬追馬場，垂水市田神犬ノ馬場，志布志市志布志町犬ノ馬場

〔中国地方西部〕

長門(1)	下関市長府亀の甲陰の馬場
周防(1)	周南市富田犬の馬場
石見(2)	益田市益田本郷上犬・下犬の馬場，浜田市周布犬の馬場

〔兵庫県〕

播磨(1)	宍粟市山崎町段犬ノ馬場
但馬(3)	豊岡市出石町鳥居犬馬場，伊豆犬馬場，朝来市山東町矢名瀬町犬ノ馬場
淡路(5)	淡路市生穂《いくほ》犬ノ馬場，同市山田(乙・丙)犬ノ馬場，南あわじ市神代社家《じんだいしゃけ》犬ノ馬場，同市八木大久保犬の馬場，同市八木野原犬馬場

(市町村名は2014年現在)

らしい。矢数分の犬(三〇〇匹、一〇〇〇匹)を必要とした。どうやってこのように多数の犬を調達したのか。はなはだ理解に苦しむところである。その捕獲には専門の職人があたった。河原の者と呼ばれ、差別されていた人びとである。

説明のために、しばらく視点を京都に移そう。次ページ図版は狩野永徳《かのうえいとく》が描いたとされる上杉本《うえすぎぼん》『洛中洛外図屏風《らくちゅうらくがいずびょうぶ》』のなかの一光景である。人びとでにぎわう京の都《みやこ》。その街角の路上にしっぽをふる一匹の犬がいる。人になつくその犬は野良犬ではない。明らかに飼い犬だ。横の男があたえてくれる餌に喜んでいる。ところがその男は左手で餌をあたえながらも、右手を隠している。隠しているのは棒のようなもので、その先に丸いわっかがついている。男はなにをしようとするのか。

じつは男のもつ道具は犬を捕獲するためのものだった。文献史料によれば「竹杖《たけつえ》」と呼ばれるものである。男の横に家影に潜むようにして、もう一人、かぶりものをした男がいる。同じように右手に竹杖をもっているが、左手は棒の先に高く丸いものがついた道具をもっている。丸いものは網のようになっている。編まれた袋である。捕獲するものは目の前にいる犬である。左の男が首に

●—上杉本『洛中洛外図屏風』

輪をかけると、第二の男が袋にその犬をいれるのである。

この光景から『洛中洛外図』をみいる人は連続する三つの時間を読みとりうる。尾をふって喜ぶ犬はつぎの瞬間に、餌をあたえる男によって竹杖に首をかけられる。そしてさらに続く瞬間に物陰の男のもつ袋のなかにいれられてしまう。

この犬を捕獲する人、すなわち「犬取り」こそが、犬追物の犬を準備したのである。一度に多くの犬は捕獲できない。少しずつ捕獲して、開催の日まで養っていた。『薩藩《さつぱん》旧《きゅう》記雑録《きざつろく》』(年欠七月三日公久《こうきゅう》〈島津忠廉《しまづただかど》〉書状)に、「山下の所に犬おき候、さ（定）ためてやせ候する、それにて御か（飼）ひ候て給候へく候」とある。山下(麓)に犬を置いているがやせて貧弱なので、そちらで飼って太らせておいてほしいという意味であろう。犬追物のための犬にちがいない。文中、馬のことにもふれられている。宛先に「いしうゐんへ　かこしま（鹿児島）」とあるが、伊集院《いじゅういん》▲にも犬の馬場地名が残っている(七三ページ表参照)。さて、犬を捕獲する人たちは、犬を用意するだけ、準備だけにあたったのではない。晴れの舞台である犬追物そのものにも登場していた。その姿もまた絵画史料に残されている。

七八ページA図は狩野山楽《さんらく》の筆と推定されている『犬追物図屏風』である

▼**伊集院**　現鹿児島県日置《ひおき》市のうち旧伊集院町。

（常盤山《ときわやま》文庫、一部図はカバー裏写真）。「縄の犬」「外の犬」をそれぞれに描く一双の屛風である。「縄の犬」では縄の外、画面の左に帯刀する三人ずつが向かいあって、合計六人が待機している。彼らは犬を引いていない。ほかに画面の右下に三人、右上に二人、左上に二人、左下隅に一人、合計八人の犬をつれた人物がいる。このほうの人たちは帯刀していない。「外の犬」では、犬を追う騎乗の侍に続いて、走る人物が数人描かれている。馬と犬を追いかける五人は帯刀している。左下隅に三人、犬をつれた人物がいる。帯刀はしていない。

七九ページB図は国会図書館にある観音寺《かんのんじ》城本丸《じょうほんまる》建物の障壁画《しょうへきが》（土佐光茂《とさみつしげ》画）を記録したという模本《もほん》で、侍のほかにも犬を追う人がいる。B図では犬放《いぬはなち》以外に帯刀する者はいない。

これら犬追物図に登場している人びとも、必ず竹杖をもっていた。彼らもまた『洛中洛外図』に登場した「犬取り」のグループにほかならない。竹杖さえあれば、犬にかまれることはなかった（七九ページB図、上・下段）。犬を扱うことに習熟した人たちであった。A図下では彼らは馬と併走し、B図中では馬よりも前にいる。人が馬より早く走るとは考えられない。彼らは事前に馬場の四方で

●—『犬追物図屏風』　A図・縄の犬。

●—『犬追物図屏風』　A図・外の犬。

●—『犬追物図屏風』　A図・外の犬(部分)。

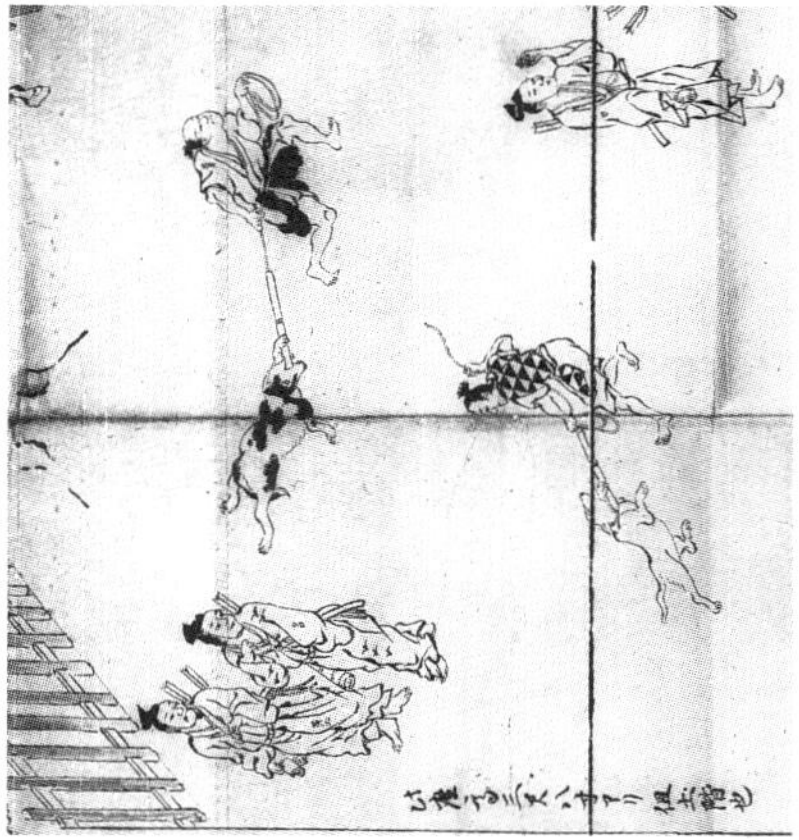

●—「犬追物図」　B図・犬追物の準備。

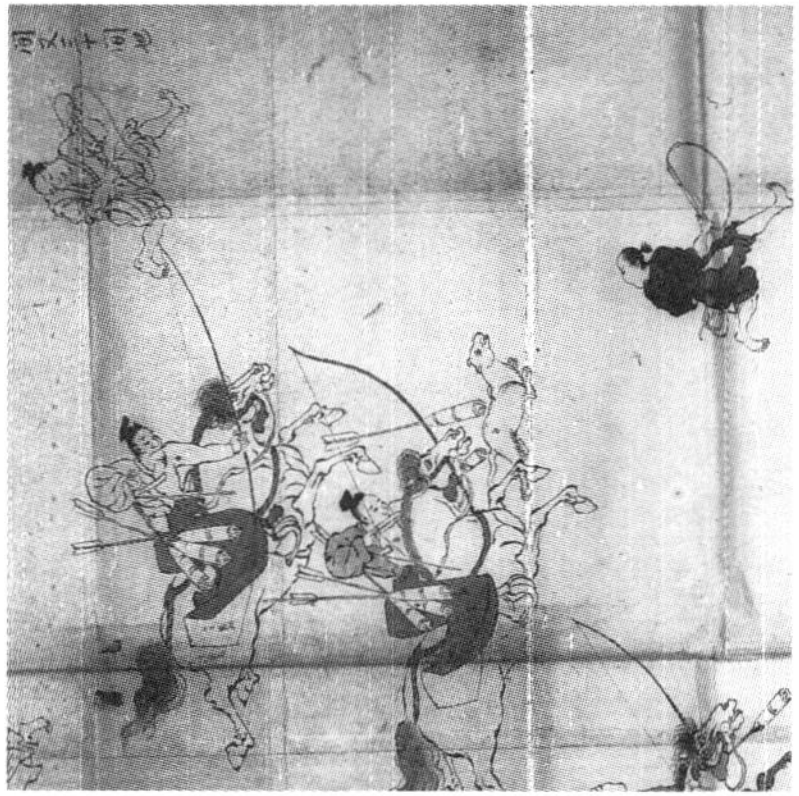

●—「犬追物図」　B図・外の犬。

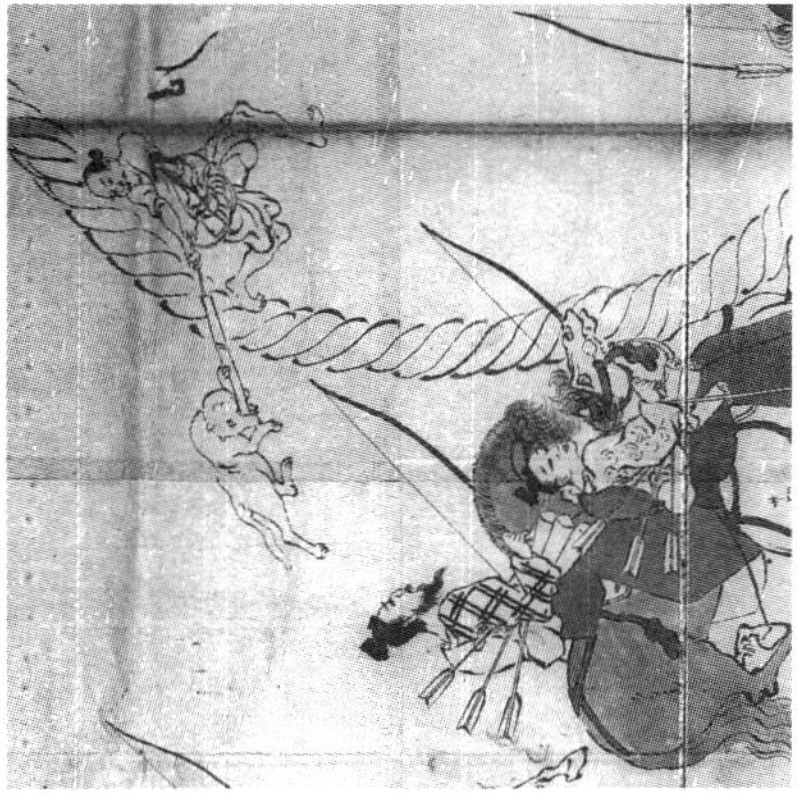

●—「犬追物図」　B図・縄の犬。

待機していたはずである。なんのためにこうした行動をとったのか。

犬追物に河原の者が登場することを述べた故実書《こじつしょ》は多い。そこには河原の者の役割はどう記され、説明されているのか。

『白磨《しらみがき》犬追物』という犬追物の作法書には二五一人の人物が登場する。そのうち、なんと二〇〇人が河原の者だった。差別された人びとである。表舞台に登場する侍よりも圧倒的に河原の者の数が多い。彼ら河原の者一五〇人が一五〇匹の犬についた。一人が一匹を犬放に手渡す。「犬引」役である。

『犬追物図屏風』には彼ら河原の者は数人しか描かれていない。ほかの一〇〇余人は犬の馬場の外で待機し、順番がきたら馬場にはいった。これも「犬引」役である。縄の中央にいて、進行の鍵を握る犬放も河原の者がつとめた。犬の扱いに習熟した河原の者にしかできない仕事だった。犬をもつ一五〇人以外の五〇人は馬場の掃除などの雑用をした。馬場は馬糞や犬糞、そして犬の血で汚れがちだった。

『犬追物図屏風』をみると、河原の者にも帯刀する者と、帯刀しない者がいる（七八ページ参照）。「犬追物之覚書《おぼえがき》」（別名「山名家《やまなけ》犬追物記」ともいう・文正《ぶんしょう》元〈一四六

六〉年）に、

犬かけ（犬掛）のもの八人、烏帽子《えぼし》に十徳《じっとく》▲、短刀、竹杖

犬放五人　装束《そうぞく》右に同じ、たすきかけるなり

犬下知《げち》二人　半臂《はんぴ》▲に小《こ》袴《はかま》▲小刀

犬牽《ひき》八人　小袴ばかりなり

とあり、衣装の規定がある。A図上では烏帽子を着用するのは縄の中央にいる犬放のみである。いくぶん規定とは異なるが、帯刀する者は犬掛で、帯刀しない者は犬牽であろう。この本での犬牽の人数が少ないのは、馬場にいる者と、馬場外の待機者を分けたのであろう。

さきに、彼らがなぜ馬の先回りをして犬を追ったのか、疑問とした。犬は一五〇匹いる。多いときは三〇〇匹の場合もあった。もしも犬を射あてることができず、ぐるぐるとなんどもまわっていたとしよう。一匹を射るのに五分かかったとする。一五〇匹なら一二時間半である。三〇〇匹ならその倍だった。いつまでたっても終らないのでは困る。

おそらくはこの屏風絵に描かれた画面のあと、河原の者たちは犬を竹杖で捕

▼**十徳**　衣服の名。羽織に近い。江戸時代に茶人・医師などが着た。七八ページA図が該当。

▼**半臂**　衣服の名。胴着。

▼**小袴**　膝下までの袴。七八・七九ページのA・B図とも犬放以外は小袴着用。

獲した。あるいは逃げることができないよう、囲み押さえ込んだ。そこを侍が射た。そうしなければ落馬が続くばかり、終らなかった。実際には一度の矢数は一、二分で終ったのであろう。

故実書には記述がないが、犬追物に果たした河原の者の役割は、もう一つあった。競技終了後の後始末である。至近距離から犬は撃たれる。鏑で衝撃を和らげているとはいえ、傷つく犬も多かった。犬が死ぬのは不吉とされたが、片足がちぎれたまま走る犬もいたらしい。競技が終って、そうした犬が一〇〇匹も二〇〇匹も残された。負傷した多くの犬を飼い続けるだけの余裕も必要性もない。

犬追物はハンティングであるから、終了したあとに、獲物を食べたと推定することができる。実際犬が食べられたという記述はいくつかある。

『建内記《けんないき》』▲嘉吉《かきつ》三(一四四三)年五月二十三日条

山名一党は多く田猟を好む、田畠を踏損じ、農民またこれを愁傷《しゅうしょう》す、人々の(飼っている)犬を捕え、終日犬追物で射る。或いは犬を殺し、人これを食う。鷹養の汚穢《おわい》不浄、充満するものか、さらに神慮《しんりょ》に叶い難きか、管領《かんれい》

▼『建内記』　室町時代の貴族、内大臣万里小路《ないだいじんまでのこうじ》(藤原《ふじわら》)時房《ときふさ》の日記。

被官人、堅く制止を加え、鷹飼に及ばずと云々(命令したという)。食犬のことは、被官人ら元来、興盛か、主人(のみ)これを知らざるの謂か。

ここでは犬追物が鷹の餌のための殺犬・食犬と並列なものとして語られる。食犬は「元来興盛」なもので、珍しくはなかった。

『蔭凉軒日録《いんりょうけんにちろく》』▲明応《めいおう》二(一四九三)年九月三日条

或人《あるひと》、予《よ》に謂いて云《いわく》、右京兆《うけいちょう》は近来犬追物毎日これ有り、去月二十九日は蔭凉軒にて犬を撃つを見る、蓋《けだ》し輪次《りんじ》なり、犬料は三百匹に相定む、其余は調斎《ちょうさい》す、犬衆は相集いて蔭凉軒にてこれを喫す、粟餅(粟《あわ》餅か)ならびに樽三荷、河原者にこれを賜う、希有《けう》の事なり、人皆讃歎《さんたん》すと云々

右京兆(細川政元《ほそかわまさもと》)が毎日犬追物をしている。八月二十三日から犬追物が続いていたから「毎日」と表現されている。最終日・二十九日には蔭凉軒も犬を射るところをみた。けだし「輪次」、(細川・赤松《あかまつ》が)順繰りに、である。必要な犬は三〇〇匹と定められており、その余(ほか)は調斎(調理)した。犬衆つまり射手の侍たちは蔭凉軒に集まってこれを「喫」した(食べた)。それで粟餅と酒樽(角樽《つのだる》)三荷が河原の者にあたえられた。河原の者(のような格別に卑しい身分の者)に

▼『蔭凉軒日録』　相国寺鹿苑院《そうこくじろくおんいん》蔭凉軒主歴代の公用日記。

まで、褒美《ほうび》をあたえることはまことに希有のことだが、それほど（河原の者による）準備も進行もうまくいった。人びとはそのことを賞賛した。犬の一部が宴《うたげ》の食材に処理されたが、不要な犬はそのあとも順番に処置された。

犬追物に果たした河原の者の役割は、犬の捕獲に始まり、当日までの飼育、競技進行の終了、そしてさらに後始末と、全般にわたっていた。武士の晴れがましい舞台である犬追物は、じつは河原の者が演出していたのである。

このスポーツショーを、多くの見物人が興奮してみていた。

『碧山日録《へきざんにちろく》』▲長禄《ちょうろく》三（一四五九）年四月

十九日辛未　左京兆勝元《かつもと》公、城西の桂邑《かつらむら》之《の》野にて犬を射る、其場に会する者は一百余騎、左金吾《さきんご》宗全《そうぜん》公はこれが為めの綱頭《こうとう》たり、万人が射る者を観る、環遶《かんじょう》して堵墻《としょう》の如《ごと》きものなり、群犬四百五十頭にしてそれを射おわんぬと云

一日だけで群犬四五〇匹という数もさることながら、注目したいのは観衆が「万人」いたとされることである。多くの人が見物した。

一五六一（永禄《えいろく》四）年越前《えちぜん》棗郷《なつめごう》大窪《おおくぼ》ノ浜《はま》▲では朝倉《あさくら》氏による犬追物が記録され

▼『碧山日録』　室町時代中期の東福寺《とうふくじ》の僧太極蔵主《たいぎょくぞうしゅ》の日記。

▼棗郷大窪ノ浜　現福井市。

ている。「御供《おとも》の人数は一万余人、見物の貴賤《きせん》は其数をしらず、馬場の広さは方八町にぞ構えける」(『朝倉始末記』)。

お供《とも》だけで一万人だった。『蔭凉軒日録』でも、「天下壮観《てんかそうかん》」と礼賛の言葉が書かれている。

『犬追物図屛風』をみると、はしごを使ってあがる桟敷《さじき》と、桟敷の上の多くの観衆が描かれている。高い位置だから決定的シーンがみられた。むろん桟敷にあがるには見物料(桟敷料)が必要だった。桟敷を囲んで、さらにその外には幔《まん》幕《まく》が張りめぐらされる。幕外の松の木にのぼって、ただ見をする人を描いた屛風もある。

犬追物を設営するには巨額の経費がかかったようだ。一四五三(享徳《きょうとく》二)年の『臥雲日件録《がうんにっけんろく》』▲によると、細川勝元《かつもと》から犬の徴収を命ぜられた丹波《たんば》国守護代《しゅごだい》は、もし犬を集められなければ三五〇貫をだせといわれている。一貫一五万円で換算すれば現代の五〇〇〇万円強である。事前の準備に、莫大な金が必要だった。しかし桟敷料徴収で経費の回収のみならず、興行《こうぎょう》収入が期待できた。武士が広範に各地域に犬の馬場を設けたことは、犬の馬場地名の分布から容易に推察で

▼**『臥雲日件録』** 室町中期の相国寺僧、瑞渓周鳳《ずいけいしゅうほう》の日記。

きる。桟敷の設置によって経費を回収し、さらに利益がえられるのならば、地方武士も頻繁に犬追物を主催しただろう。各地の「河原の者」たちの強力かつ絶対的な協力をあおいだはずである。

祭祀の場と「坂の者」「河原の者」――興行支配

犬追物の開催自体は民衆支配そのものとはいえないが、武士のみがもつ興行権は利権の一つであった。またここにみた武士と河原の者との連携は、荘園支配に直接・間接に大きくかかわるものであった。河原の者は武力をもっていたからである。賤視された人びとがさまざまに武力を行使したことは、『法然《ほうねん》上人絵伝《しょうにんえでん》』における墓堂破壊の光景などにみることができる（次ページ図版参照）。一四九〇（延徳《えんとく》二）年、足利義視《あしかがよしみ》は日野政子《ひのまさこ》・清晃《せいこう》の小河御所《おがわごしょ》を「川(河)原者」数百人に命じて破却《はきゃく》させている。破却された日野政子側にも武力があったが、河原の者はそれに対抗できた。準戦闘行為を担う、歴然たる暴力装置であった。

彼らは塔供養《とうくよう》や遷宮《せんぐう》など、祭祀の場にも登場している。永享《えいきょう》十一（一四三九）年近江長浜《おうみながはま》八幡宮塔供養奉加帳《ほうがちょう》（『近江長濱町志』）をみると、各種の技術者・技

●──『一遍上人絵詞伝』光明寺本　尾張甚目寺《じもくじ》で行われたハンセン氏病患者への施行と，それを警護する非人長吏(犬神人)。

●──『法然上人絵伝』浄興寺本　武力を行使する犬神人(非人)。法然墓堂を破壊している。

能者に報賞が支給されている。

鍛冶《かじ》　馬三疋取
そま（杣）　馬二疋取
ふかふさ　二百文取
春満猿楽　馬二疋取
サカノ物（坂）　馬一疋取
野ヒ□リ（聖）　二百文
檜皮師《ひわだし》　馬一疋取
をふが引（大鋸）　馬一疋取
山階猿楽《やましなさるがく》　馬二疋取
さん所物（散）　馬一疋取
カハラノ物（河原）　二百文

当日以上

そのなかに散所《さんじょ》・坂《さか》の者・河原の者もいた。猿楽もいる。野聖《のひじり》もいて八幡社(村落)から報賞をえた。鍛冶・檜皮師・杣《そま》・大鋸引《おおがびき》へのそれは、塔の建設そのものに携わったことへの謝礼であろう。猿楽は祭りをにぎやかにすることに貢献した。祭りには近隣から群衆が集まってきたのである。河原の者がえたのは二〇〇文(三万円程度)であったから巨額とはいえないし、馬一匹に比べれば格段に少額である。はたして散所・坂の者・河原の者はなにに貢献したのだろう。

紀伊《きい》国鞆渕荘《ともぶちのしょう》▲に一五五〇(天文《てんぶん》十九)年の鞆渕八幡神社の遷宮・祭礼記録があ

▼鞆渕荘　現和歌山県紀《き》の川《かわ》市のうち旧粉河《こかわ》町鞆渕付近。

って、やはり報賞支給のようすがわかる(次ページ図版参照)。

ケシトノ《(下司殿)》ヱヲリ《(折)》一合タル《(樽)》一ケ」　クモントノ《(公文殿)》ヱヲリ一合タル一ケ」　シアンシユウ《(寺庵衆)》ヱヲリ一合タル一ケ」　フタイ《(舞台)》ヱノタル十五ケサルカク《(猿楽)》ヱ」　サカノモノ《(坂の者)》ニタル五ケ」　サカノモノケ井コ《(警固)》ハ□《(合)》三十人フレニハ」　ク井ヤウ五合ツ、コメヲ」　ヰツ《(伊豆)》ニタル三ケ代一貫文」　サカ《(坂)》ノソウフン《(惣分)》ヱ代弐貫文」　サツマ《(薩摩)》タル一ケ代三百文」　フンコ《(豊後)》二百文タル一ツ」　ト□《(ノ)》ヒ百文タル一ツ」　カ《(マ)》ワラノモ《(マ)》《(河原の者)》三百文」　サンイシン井ワテ《(岩出)》百文」　タケフサ百文」　フシサキ百文」　大ツ百文」　山サキ百文

天文十九年十二月四日カノヱヰヌ《(庚戌)》ノトシ　キヤウ《(今日)》ハヰ《(亥)》ノヒ《(日)》ナリ

舞台と呼ばれる人がいて、猿楽がいた。坂の者もいたし、坂の者でも特別に「坂の者警固」「坂の者惣分」と呼ばれる人もいた。警固は三〇人もいた。伊豆《いず》・薩摩・豊後と国の名前で呼ばれている人たちも、坂の者の一団であろう。広い範囲から多人数の坂の者が集まってきている。そして河原の者もいた。岩出《いわで》以下は近隣の地名である。彼らの役割はわからないが、鞆淵荘外から呼びよせられた人たちである。

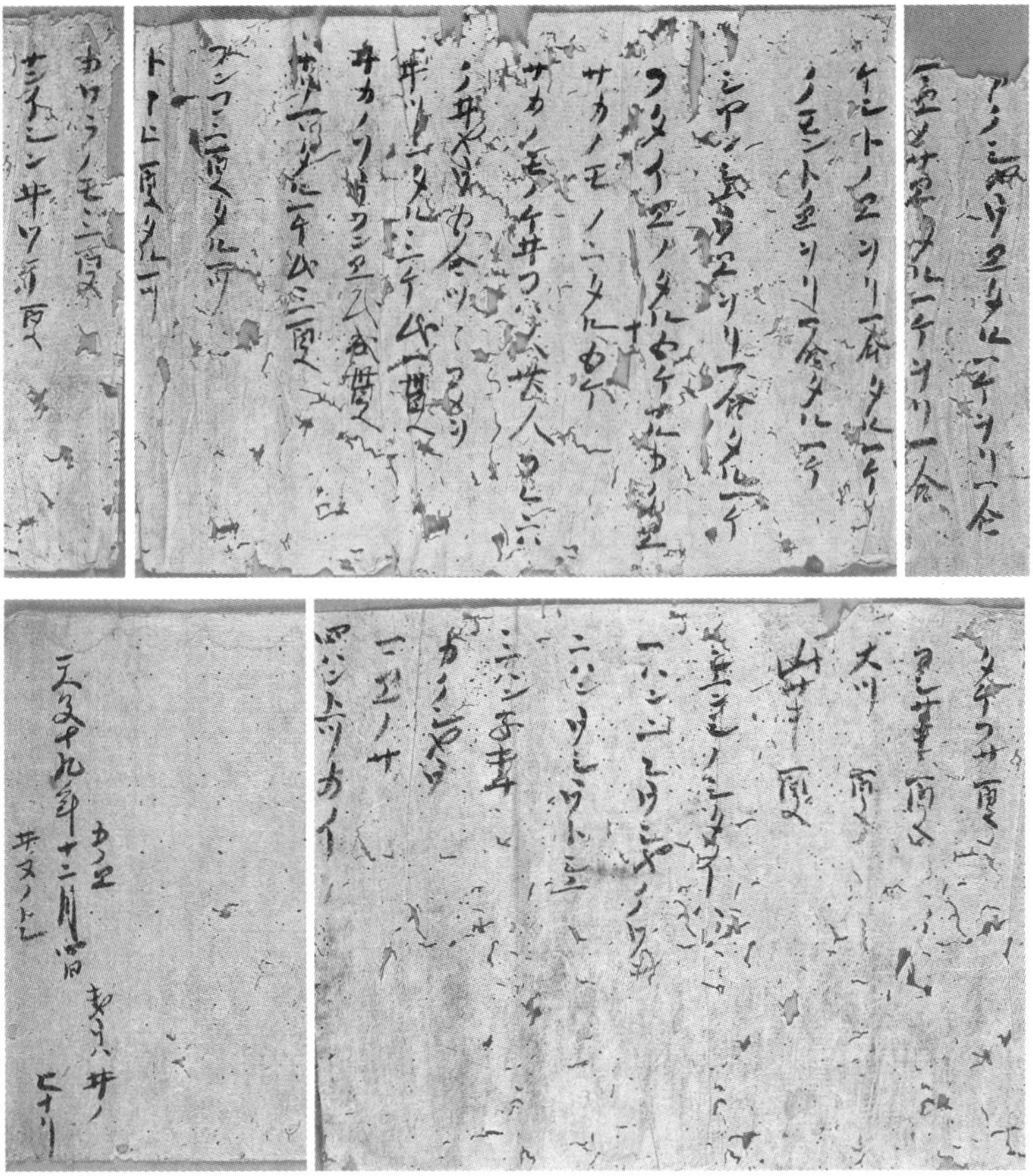

●──『鞆渕八幡神社文書』　本文書は『粉河町史』2巻に活字化されているが，各料紙がすべて継ぎ目から分離しているため，接続に一部錯誤がある。上掲和歌山県立博物館『歴史のなかの“ともぶち”』の写真が正しい配列を示している(ただし一部のみ図示)。なお遷宮は以後もほぼ定期的に行われて，それぞれの年の記録が残されている。「しばの者ニ夫也」「弓の弦せん(箭)ノつな(綱)の事」「しばノ者ヲふせ(布施)候故，下つなも庄中へ取申候」「さるがく」といった言葉はのちの時代の史料にもみえている(『粉河町史』3巻参照)。「しばの者」も差別された人びとである。

彼らはいかなる仕事をし、八幡宮に貢献したのか。舞台・猿楽が、人集め・人寄せであることはさきと同様だろう。

サルカクノ六ノキハ、サタムルトコロハ、タチ・クツワヲソヱテ、銭五十貫ナリ

（猿楽の禄《ろく》の儀は、定める規定は太刀《たち》・轡《くつわ》をそえて銭五〇貫）とある。現代の貨幣価値に換算すれば、五〇貫は七五〇万円にもなる。別に樽酒（角樽《つのだる》）一五も支給されたから猿楽座は二、三十人はいたのだろう。坂の者惣分《そうぶん》への報賞は二貫文と多い。河原の者へは三〇〇文だから少額だった。彼らの仕事としては、警備・清掃・基礎工事（地形・地業《じぎょう》）などが考えられる。警固衆が警備を行ったことは当然だし、また各人への報賞に弓があたえられることもあったから、坂の者への謝礼は、弓の供給に対するものかもしれない。だが河原の者に対し、鞆淵八幡神社がもっとも期待したのは、多くの人出・群衆を目当てに集まってくる商人（露天商）の差配だったのではないだろうか。祭りは市日《いちび》・縁日の光景と同じだった。河原の者への報賞が少ないのは、彼らが別途、商人からの収入をえていたからではないかと想定される。

なぜ河原の者に商人差配が可能だったのか。本書を通じて、彼らのように差別され、のちに賤視が強化される人たちが、きわめて武士に近い位置にいたことを明らかにしてきた。彼ら坂の者・河原の者も自身の武力はもっていた。しかし重要なことはその武力の背景に、本当の武力・権力の持ち主である武士がついていたということである。

ケシトノヱ（下司殿）ヲリ（折）一合タル（樽）一ケ」　クモントノヱ（公文殿）　ヲリ一合タル一ケ

八幡神社の史料をみるかぎり、下司《げし》や公文《くもん》への報酬はわずかで、折と樽だけ、つまり酒肴《しゅこう》料だけであった。しかしそれは八幡神社との儀礼的な関わりしか語らない。下司や公文はまた別の形で、祭りを利権の場としていたはずなのである。

こうした側面に関する鎌倉時代の史料は少ない。一二四九(建長元《けんちょう》)年、出雲《いずも》国杵築社《きづきしゃ》▲の遷宮記録と比較しよう。

村細男《むらほそおとこ》▲　郷々被レ宛　乃国中猿楽等勤仕之
田楽《でんがく》　郷々被レ宛　乃国中之猿楽等勤仕之

ここでも猿楽が参加して遷宮を盛り上げたことは確かだが、ほかは流鏑馬《やぶさめ》・

▼杵築社　現島根県出雲市。出雲大社に同じ。
▼細男　奏楽をする覆面の楽人。「せいのう」ともいう。

相撲《すもう》・神馬《しんめ》を引くにしても、いずれも守護・在庁・在国司《こくし》をはじめとする武士がつとめていた。一四五〇(宝徳《ほうとく》二)年の播磨《はりま》国大部《おおべ》荘▲にも「八幡宮猿楽引物」がみえていて、史料上猿楽は多くみえるが、その裏方に鞆淵に集まってきたような、坂の者・河原の者がいたかどうかについては記されていない。

しかし古くは喜田《きた》貞吉《さだきち》「放免考《ほうめんこう》」が、近くは網野善彦『異形の王権』が明らかにしたように、初期の武士団も、こうした非人《ひにん》系列の武力を組織化していた。検《け》非《び》違《い》使《し》▲は放免と呼ばれる下級刑吏《けいり》を配下においたが、彼らは犯罪者が放免された者、放免囚人だった。「非人の故に、禁忌《きんき》を憚《はばか》らず」、非人だからタブーは無関係だといわれている(『江談抄《ごうだんしょう》』)。

網野は『平家物語』にみられる木曽《きそ》義仲《よしなか》による法住寺殿《ほうじゅうじどの》攻撃に公卿殿上人《くぎょうてんじょうびと》の召される勢《ぜい》、すなわち天皇直属の兵が「むかへつぶて、いんぢ(印地)、いふかひなき辻冠者原《つじかんじゃばら》、乞食法師《こじきほうし》ども」であったことに注目し、彼らこそ検非違使に統括された非人であったとみた。ほかにも非人や河原の者の武力を示す史料はさきにみたものを含めて多くみられる。暴力装置の分業化は、より早くからあって、上位に立つ武力(兵力)と下位に位置づけられる武力(暴力)があった。

▼**大部荘**　現兵庫県小野《おの》市付近。

▼**検非違使**　平安〜室町時代に、おもに京中の警察・裁判を担当した職。

▼**令外官**　大宝令《たいほうりょう》制定後に新設された職員令《しきいんりょう》に規定のない常置の官司《かんし》・官職《かんしょく》。

▼**贓贖物**　贓物《ぞうぶつ》は犯罪によって得た財物。盗品など。これが没官された。贖物は実刑に服する代わりにおさめる財貨。

▼**検断得分**　中世、検断にともなって没収された罪人の財産が、検断権の行使者などの取得分とされたもの。

令外官《りょうげのかん》▲であった検非違使における職務にともなう収益は贓贖物《ぞうしょくぶつ》▲であったと佐藤進一は説明する。検断得分《けんだんとくぶん》▲に同じで、治安警察の側が犯罪者の財産を私有できる仕組みであった。こうした制度では、検非違使庁《けびいしちょう》やその下部《しもべ》が財産目当てに検断権を乱用することがあったのではないかと、懸念される。そうしたことはたしかに頻繁に起きたようだが、無制限に可能なことではなかった。検断対象となる犯罪行為は、複数の権門《けんもん》あるいは領主《りょうしゅ》間で起こることが多かった。各権門・領主が検非違使の立入りを許容するか、拒否するかは力関係であっただろう。各権門も独自の検断権を所有していたし、荘民《しょうみん》の側もなんらかの権門に属す形でその保護をえていたと思われる。

こうした検断のあり方は、荘園においても同様だっただろう。すでに長田《ながた》荘・弓削島《ゆげのしま》荘また沼田《ぬた》荘相論《そうろん》でもみたが、「検断」が争われることが多かった(七ページ頭注参照)。領家《りょうけ》預所《あずかりどころ》の検断範囲と、地頭《じとう》方の検断範囲が線引きされていたし、地頭一族内の惣庶《そうしょ》間でも種々の相論が起きるのである。「検断得分」すなわち没収する財産をめぐる争いである。一二二三(貞応《じょうおう》二)年の鎌倉幕府法に、「犯過人《はんかにん》を糾断する事　領家国司《こくし》は三分之二、地頭は三分之一、沙汰《さた》を致すべし」と規定されている。実際にこの規定は、弓削島荘などに適応された。また一二四七(宝治《ほうじ》元)年の若狭《わかさ》国太良《たら》荘▲では預所と地頭は半分沙汰だった。しかし双方が検断の場に立ちあうことはむしろ少なかっただろう。一二四三(寛元《かんげん》元)年の越前《えちぜん》国牛原《うしはら》荘▲(醍醐寺《だいごじ》領)ではさきの三分の二、一に配分する規定を適用しようとしたが、地頭は「領家相交じらず、一向に地頭が進止」(全部地頭のものだ)と主張し、それが認められている。一二三一(寛喜《かんき》三)年には盗賊贓物《ぞうぶつ》にかかわる別の幕府法をだして、三〇〇文を目処として軽罪・重罪それぞれに検断得分の上限を定め、軽罪は一倍(今の二倍)、重罪は本人資産のみに限定し、縁座《えんざ》を禁じている。これは地頭単独による検断を念頭においた立法である。

網野善彦が指摘したように、荘園内に清目《きよめ》・河原人に対する清目給や河原人給があたえられていた。清目は差別された人びとと考えられる。丹後《たんご》国図田《ずでん》帳《ちょう》の石河《いしかわ》荘には二反の清目給があり、一三三七(建武《けんむ》四)年から一四〇二(応永《おうえい》九)年にかけての播磨国大部荘には河原人給二反から五反強があった。河原人は『左経記《さけいき》』▲では河原の者と同義として記されている。山城《やましろ》国久我《くが》荘▲に清目免・清目屋敷免があった事例も追加できよう。清目・河原の者は勝手に流れ込んで

▼太良荘　現福井県小浜《おばま》市付近。

▼牛原荘　現福井県大野《おおの》市北部に比定。

▼『左経記』　源経頼《つねより》の日記。長《ちょう》和《わ》五(一〇一六)年正月二日条に斃《へい》死《し》牛を扱う河原人の記事がみえる。河原の者の初見とされるのがふつう。

▼久我荘　現京都市。

きたわけではない。荘園領主の側が、免田《めんでん》を設置して招請し、保護していた。領主は彼らのいかなる業務を必要としたのか。普通に考えられるのは牛革などの皮革の需要であろう。しかしそれだけではなかった。さきにみた祭礼に関するいくつかの史料が示すように、またいくつかの武力に関する史料が示すように、祭り・市の場の秩序維持に彼らの力が不可欠だった。武士の荘園支配には、彼ら清目、賤視されていた人びとの力こそ、不可欠であったといえる。

④ 佃と出挙

佃・正作の利点

山野河海・流通・検断など非農業の側面に着目してきたが、武士と農業・水田との関わりも、むろん強かった。武士は一般農民(名田百姓)からの年貢徴収に関与することで利権を得るが、自身も農業経営した。兵農分離《へいのうぶんり》が進む以前、カンパニーとしての地頭《じとう》一族は、営農もした。大規模農場主だった。とりわけ佃《つくだ》・門田《かどた》《もんでん》・御正作《みそさく》《みそうさく》・用作《ようじゃく》《ゆうじゃく》・御手作といわれた直営田の役割は重要だった。これらは多く地名に残っている。

御正作は、普通ミソサク、またはミソウサクという地名になっている。味噌柵とか、三惣作とか、見相作とかの当て字が使われている。地名としての用作も、遊雀とか勇弱とか養着などと書く。本来の語義は多く忘れられている。

これら佃・御正作・用作は中世の領主《りょうしゅ》である武士(地頭や下司《げし》)が自分でもち、耕作する田の意味である。家《いえ》の子《こ》・郎等《ろうとう》(党)と呼ばれる従者がいて、合戦《かっせん》のときは兵士として戦いに参加するが、平時は農耕に従事した。そうした田である。

▼『民経記』 権中納言藤原経光《つねみつ》の日記。

こうした地名をたずねると、今も一等田だというところがある。圃場《ほじょう》整備前には村で一番よく米がとれる田だった。たいていは乾田《かんでん》である。しかし乾田には弱点もあって、灌漑《かんがい》施設を必要とするから、災害や旱魃《かんばつ》に弱かった。それで直営田には乾田ばかりではなく、湿田《しつでん》も設定しておく必要があった。また湧水に依拠する田にもまた多く設定されていた。湿田の佃・用作は、ふだんの年の収量はそれほどでもないが、旱魃の年にはよくできる、という田である。自然灌漑であって、用水施設は必要とせず、大雨で用水が流されるという危険にも無縁だった。とりわけ湧水利用の乾田は、水利も安定し、生産力も高かった。

さて鎌倉時代には「炎旱渉レ旬《えんかんじゅんにわたる》」「炎旱已《すでに》渉レ旬」という表現をみる。「旬」とは一〇日である。「日照りがすでに一〇日におよんでいる」。『民経記《みんけいき》』▲一二三三（天福《てんぷく》元）年の例をみると、六月十一日（和暦）に「炎旱已渉レ旬」とある。日記には天気も書かれる。記された天気をみると、五月二十五日以来、たしかに一四日間も晴天が続いている。この年の和暦五月二十五日はグレゴリウス暦（現行西暦）七月十一日、和暦六月十一日は七月二十六日になる。五月（和暦）の天気をみれば、梅雨（五月雨）はそこそこふっており、それほどの異常気候ではない。

わずか一〇日の日照りにおびえる。現代人の感覚とはそうとうに異なる。梅雨明け後、一〇日程度の日照りはごく一般的に経験するところで、現代人にはたぶん三〇日以上の日照り続きにならなければ旱魃という意識はない。たとえば二〇〇二(平成十四)年の福岡地方は少雨傾向にあって、三〇日以上の日照りだったが、農作物に被害はでなかった。しかし中世には一〇日の晴天で旱魃の兆候《ちょうこう》があった。一〇日も晴れれば、危機的な旱魃にいたる。そういう経験上の予感もあったけれど、それだけではなく、実際に危機だった。当時の灌漑施設は脆弱《ぜいじゃく》で、わずかな河川水位の下降に杭《くい》・竹粗朶《たけそだ》の井堰《いせき》は機能しなくなる。溜池《ためいけ》の数も少なく、規模は小さかった。さらに進めば「炎旱已及㆓三旬㆒」「天晴已渉㆓旬月㆒」という表現もある。三旬(三〇日、一カ月)の日照りである。この一二三三(天福元)年には実際にそうなった。それは絶望的な状況を意味した。

この年六月、備後国大田荘《びんごのくにおおたのしょう》の史料をみると、当時「天下一同の飢渇」「餓死の輩《ともがら》、他所に超える」という悲惨な状況があった。前々年来の天候不順で、以下のように記述されている。「飢饉《ききん》が二、三年続き、命をつなぐことが第一で、種子でさえもたくわえはない。ただ無力をなげくばかりなのに、あまりに地頭から責められる。仕方がなく他荘から八把利《わり》の出挙米《すいこまい》を借りて差しだした」。出挙は籾《もみ》を借りて翌年利息をつけて返すもの。利息五割（五把利、一束＝一〇把に対し五把）というものが多い。飢饉には一〇割という利息もある。それほどではないものの八把利は高利であった。一方には種籾さえも食べてしまう者がいた。目の前にある一俵の米。たとえ種籾でも命にはかえられない。飢饉には種籾さえも食べた。ところがよそには、米を貸しだすほどに余裕のある者もいた。

湧水利用の佃・用作は災害に強く理想的だった。乾田もある。湧水は何年も前にふった雨水・地下水が、地表にでたものだ。たとえその年が大旱魃でも、湧出量には無関係である。弘法水《こうぼうみず》とか強清水《こわしみず》、大そうず（大生水）などと呼ばれるような湧水は、日照り知らずだった。旱魃には太陽はぎらぎらと輝き続ける。水さえあれば植物には最高だった。照れば照るほど、湧水依拠の水田からは、多くの米ができた。まわりの田が赤茶色となって焦げ焼けても、ずっしりと、たわわに実る黄金色の田が一部にあった。その田を地頭や下司は佃・用作として掌握していた。

多くの者は村で餓死するか、村を離れて、どこかで行き倒れた。そんな年で

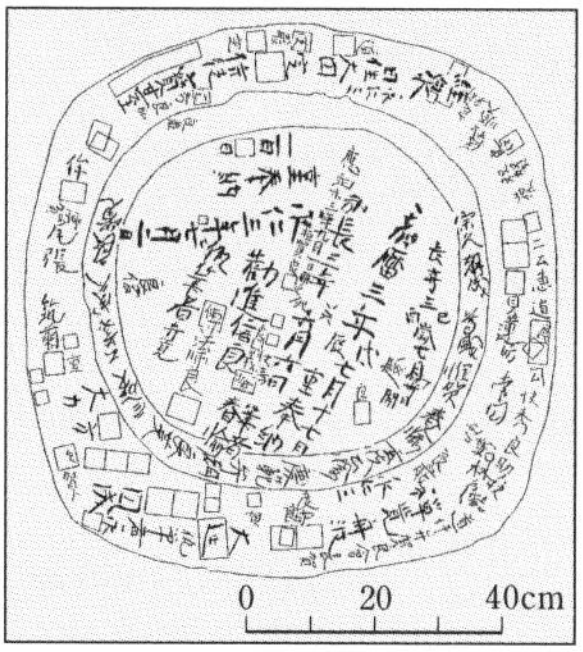

●水瓶山の滑石《かっせき》製外容器蓋銘実測図（『考古学雑誌』五二巻一号、宮小路賀宏報告による）

も、地頭たちはいつもよりも割高に、出挙米を貸しつけることができた。貧しい者には絶望しかない。しかし富める者は、飢饉であっても、いよいよ富んだ。

大宰府《だざいふ》後方の原山《はらやま》に水瓶山《みずがめやま》という山があって、ひそかに経筒《きょうづつ》が埋められていた。大旱魃にそれを掘りだし祈禱すれば、必ず雨がふった。ここでの祈禱は各地での雨乞いが功を奏さなかったとき、最後になって行われた。蓋《ふた》に弘長《こうちょう》三（一二六三）年六月六日、永仁《えいにん》三（一二九五）年七月二日、嘉暦《かりゃく》三（一三二八）年七月十七日などの多くの紀年銘《きねんめい》がある。グレゴリウス暦（現行西暦）に換算すれば、七月中旬ごろのものと、九月になってからのものが多い。

前者（西暦七月）の場合、田植は不可能だったかもしれない。後者（九月）では田は白く、稲は枯れていた。記された年号の一つ、長享《ちょうきょう》三（一四八九）年の場合、能登《のと》・美濃《みの》・尾張《おわり》・甲斐《かい》では「天下餓死」と報告されている。天候不順のもたらしたものは、現在からは想像もできない悲惨なものであった。

佃・正作と井料・仏神田の併置

佃・正作地名には井料《いりょう》という地名が隣接するケースが多い。仏神田地名もた

●——花田植（広島県山県《やまがた》郡北《きた》広島町）

いてい近くにある。神田《かんだ》、経田《きょう》・京田《きょう》などと表記するが、大般若経田《だいはんにゃきょう》、一切《いっさい》経田《きょう》の意であろう。天神田《てんじん》・賀茂《かも》田ほか、それぞれの神々の田もある。佃・正作には農繁期、田植・稲刈などに周辺農民は労働奉仕をしなければならなかった。薪《まき》や用材など雑木は地頭の山からもらうことが多かった。田植を手伝わなければ報復された。地頭の側は佃・用作を種籾確保の田、村再生産に必要な田、すなわち飢饉における危機管理の田と位置づけるとともに、明らかに村人にも必要とされる井料すなわち灌漑施設維持用の水田、また村の安全を保障する仏神田を併置して、不満をたくみに回避した。大田植・花田植のように、田植にともなう民俗芸能が伝承されている。強制労働ではあるが、地頭や近世庄屋《しょうや》の田での田植に、農民は抵抗感なく参加することが多かった。

新入地頭の場合、従前の下司正作を継承して地頭正作田としたものであろう。古来からの良田であった。しかし沼田荘相論で「潮入堤人夫」が争われたように、地頭はそれまでの汐入荒野、あるいは川成《かわなり》・常荒《じょうこう》など、開発資本の不足が原因となって荒廃した土地の開発、再開発に取り組んでいった。新田開発であり、それまでの無主地は地頭の所有地・直営田になっていった。

武士とはなにか——残された課題

　荘園《しょうえん》支配を通じて武士(武士団)の像をみてきた。最後に武士とはなにかを考えるための今後の課題、本書で十二分に言及できなかった課題を述べたい。

　本書の叙述を通じて、武士があらゆる利権の場に介入していたことをみた。なんでも屋である。武士団をカンパニーとしてみてきたが、まさしく武装する総合商社(金融資本)であった。これまで荘園支配といった場合、個別の荘園支配を考えることが多かった。実際には多くの所領《しょりょう》の支配を通じてこそ、全体像がみえてくる。それぞれの荘園・所領は独立採算・孤立会計ではなかった。千葉氏の場合、下総《しもうさ》千葉氏(千葉介)と肥前《ひぜん》小城《おぎ》に下向した小城千葉氏の大きな二流がいた。建長《けんちょう》(一二四九〜五六年)の前後、下総千葉氏の上洛《じょうらく》費用二〇〇貫文を為替《かわせ》で借り入れるに際し、小城千葉氏の上洛費用をその返済にあてることにしている(中山《なかやま》法華《ほけ》経寺《きょうじ》文書)。二〇〇貫文は今日の貨幣価値では三〇〇〇万円ほどになる。小城千葉氏の上洛費用をそれ以前に下総千葉氏が、立てかえるか、なにかしていて、負債があったのだろう。千葉一門とはいえ、関東・九州と離れた二家が、このような大金を融通しあう仕組みがあった。そしてそれを前提に金融業者たる借上《かしあげ》は巨費を貸している。さほどリスクがあるとは判断していなかったようである。こうした背景には、全国規模での借上の活動とネットワークがあった。また毎年確実に年貢《ねんぐ》があがってくる仕組みが、金融業者にとっては確かな担保だった。同時にそれは発達した通信網にも支えられていた。

為替は伊勢参詣《いせさんけい》にみる御師《おし》▲を介在するような小規模なものもあるが、多くは一〇貫文(およそ一五〇万円)を定額とする巨額の割符《さいふ》《わりふ》であった。庶民が利用できるものではなく、大半は年貢送金にかかわるものだった。備中国《びっちゅうのくに》新見荘《にいみのしょう》で振りだされた為替は、多くが堺北荘《さかいきた》・備中屋で換金された。備中屋は新見荘のみの専門店ではない。備中国内の多くの荘園公領《こうりょう》・政所《まんどころ》からの年貢納入業務に携わった。のちに堺北荘備中屋宣阿《せんあ》は明《みん》に渡航しており、巨額の備蓄があった。

▼**御師**　伊勢参詣などの先達・ガイド役。今の旅行会社のような役割を果たした。為替によって得た現金を帰路の旅費にあてた。

おそらくは備中にあった備中屋備中支店で割符が振りだされた。割符には元来割印があって、本店・支店それぞれで照合が可能であった。為替は当事者が持参するが、本店・支店間にも定期便のように通信(飛脚《ひきゃく》)が利用されたのではないか。何千万円相当の金額が動くのだが、ときおり換金不可能な「ちがい割符」、不渡りが生じた。為替の額面記載のみでは換金が完結しないケースもあった。

中世の飛脚・早馬は史料上多くが使送であるかのようにみえる。使者自身が飛脚となって赴くから、書状には使者のだれそれが詳細を口頭で述べると記されている。矢《や》野《の》荘の飛脚をみても、みな名前が記されている。たしかに各権門は自前の脚力・飛脚をもっていた。しかし遠距離になればなるほど、使送は困難となる。使者が休み、眠る時間が必要になって、到着が遅くなる。鎌倉《かまくら》・博《はか》多《た》のような遠距離では、使送ではなく、宿継《しゅくつぎ》飛脚による書簡送達(逓信《ていしん》)のほうが早く、合理的だった。かりに使者が書簡より遅く着いてもかまわない。数日後に使者が口上し詳しく説明すればよかった。飛脚が交代で書簡のみを運ぶ制度、逓信・郵便制度は、中国では唐《とう》の時代に確立されている。烽燧制《ほうすいせい》など中国軍事制度を熱心に取り入れた日本に、逓信制度のみが導入されなかったとは考

▼駅伝制　諸国(国衙)への連絡が駅馬、国から郡への連絡が伝馬とされる。

えにくく、少なくも駅伝制▲は宿駅制のように、形を変えながらも、中世にも維持されていた。

嘉暦《かりゃく》二(一三二七)年五月の史料(『兵庫県史』史料編中世五)によれば、播磨《はりま》国大《おお》部《べ》荘の「百姓《ひゃくしょう》」は、池堤が洪水で決壊するという緊急事態に、「飛脚」を使って報告をしている。ふだんは「脚力」だったが、緊急事態だったから飛脚を使った。地頭《じとう》や下司《げし》クラスではなく、「百姓」が飛脚を使っている。夫《ふ》、夫役《ぶやく》、人夫《にんぷ》ではないスペシャリストとしての「飛脚」である。「百姓」が自前の飛脚をもっていたとは考えにくい。その場合、「百姓」は既存の飛脚(郵便システム)を利用したのではないか。飛脚の利用が百姓にまでおよんでいれば、多くの階層の利用ゆえに飛脚・脚力が営業として成り立つといえる。書状のなかに「委細は見参のついでに、申さしむべく候」「参上において委細を申すべき御事候」「飛脚の使をもって」「飛脚を以《もっ》て進める由、脚力これを申す」(『平安遺文《へいあんいぶん》』二四八〇・三六一九、『鎌《かま》倉《くら》遺文』一五四七・四三三〇)とある文言は、みずからが立てた使者ではない者が郵送した可能性を含む。軍事上から発生した通信制度は、武士のみならず金融業者・借上も、設置・利用しただろう。

中世武士団の一族の結束には、こうした全国規模の分業・流通、通信網の成立・整備が背景にあったと考える。それゆえに武力をもつ全国規模の「総合商社」として、あらゆる利権に介入し、掌握することができたのではないか。

これが中世荘園の支配を考える上での今後の検討課題の一例である。もう一点、考えておきたいことは差別の問題である。

中世には武士団と河原《かわら》の者《もの》・坂《さか》の者らは一体で、両者は分業の関係にあった。しかし鞆淵《ともぶち》荘で荘外から坂の者・河原の者を招いていたように、彼らは荘園武士団の専属ではなかったし、なにより少数者であった。少数者は武士団の外周に位置づけられる存在となる。中心部に位置する武士自身への賤視はあったが、希薄だっただろう。人はみずからよりも地位が高くなった者、権力をもつ者には差別・賤視をやめる。そして武士は多数者になった。

差別は多数と少数という構造のなかで再生産され、少数者はつねに疎外される。「不レ憚二禁忌一《きんきをはばからず》」とあるような、強さ、多くの技能が、逆に恐れられ遠ざけられる要素となった。武士団はかつての仲間を切り離し、残酷な賤視のなかに投げやった。武士自体は「脱賤」に成功した。

●──写真所蔵・提供者一覧(敬称略, 五十音順)

天野セイ子・福島県立博物館　p. 46・47

石山寺　p. 29

円覚寺・鎌倉国宝館　扉, p. 36中

大宮守人・広島県立歴史博物館　p. 56

京都大学総合博物館　p. 53上

光明寺・奈良国立博物館　p. 87上

粉河寺・東京国立博物館　p. 10・11

国立国会図書館　p. 79

浄興寺・上越市企画部文化振興課市史編さん室　p. 87下

清浄光寺・歓喜光寺　p. 19上, 36上

太宰府天満宮　p. 101

千代田町教育委員会　p. 102

東京国立博物館　カバー表, p. 13, 19下

常盤山文庫　カバー裏, p. 78

鞆渕八幡神社・和歌山県立博物館　p. 90

広島県立歴史博物館　p. 40

船の科学館　p. 53下

米沢市(上杉博物館)　p. 75

武雄市史編纂委員会編『武雄市史』上・中・下, 武雄市, 1972～73年
豊田武「中世日本商業史の研究」『豊田武著作集第 2 巻「中世日本の商業」』吉川弘文館, 1982年
服部英雄『歴史を読み解く―さまざまな史料と視角』青史出版, 2003年
福岡県立稲築高等学校郷土部編『筑前国粥田荘史料』福岡県立稲築高等学校郷土部, 1961年
藤原良章「中世の市庭」網野善彦ほか編『講座日本荘園史』3, 吉川弘文館, 2003年
豊前市史編纂委員会編『豊前市史文書資料』豊前市, 1993年
安田次郎「奈良南市」石井進編『中世をひろげる―新しい史料論をもとめて』吉川弘文館, 1991年
若宮町誌編さん委員会編『若宮町誌』上・下, 若宮町, 2003～04年
服部英雄「宗像大宮司と日宋貿易―筑前国宗像唐坊・小呂島・高田牧」九州史学研究会編『境界からみた内と外』岩田書院, 2009年

③―武士と河原の者

網野善彦『異形の王権』平凡社, 1986年
上田正昭編『喜田貞吉著作集第10巻　部落問題と社会史』平凡社, 1982年
佐藤進一『日本の中世国家』岩波書店, 1983年
服部英雄「犬追物を演出した河原の者たち―犬の馬場の背景」『史学雑誌』111編 9 号, 2002年
服部英雄編『中世景観の復原と民衆像―史料としての地名論』花書院, 2004年

④―佃と出挙

太宰府市史編さん委員会編『太宰府市史』民俗資料編, 太宰府市, 1993年
服部英雄『景観にさぐる中世―変貌する村の姿と荘園史研究』新人物往来社, 1995年

武士とは何か

石井進「歴史を学ぶ楽しみ」『肥前千葉氏シンポジウム　肥前千葉氏と小京都小城(小城町, シンポジウム報告書)』2003年
井上聡「御家人と荘園公領制」五味文彦編『日本の時代史 8　京・鎌倉の王権』吉川弘文館, 2003年

●──参考文献

①─山野河海

網野善彦『中世民衆の生業と技術』東京大学出版会, 2001年

石井進『日本史の社会集団第 3 巻中世武士団』小学館, 1990年

川合康『源平合戦の虚像を剝ぐ』講談社(講談社選書メチエ), 1996年

小林茂ほか編『部落史用語辞典』柏書房, 1985年(新装版1990年)

佐竹昭広ほか編『新日本古典文学大系　七十一番職人歌合』岩波書店, 1993年

田端泰子『中世村落の構造と領主制』法政大学出版局, 1986年

永瀬康博『皮革産業史の研究』名著出版, 1992年

服部英雄『地名のたのしみ―歩き, み, ふれる歴史学』角川書店(角川文庫), 2003年

「ひとと動物の近世―つきあいと観察」朝日百科『歴史を読みなおす』18, 朝日新聞社, 1995年

兵庫県立歴史博物館編『播磨北部の生業(なりわい)と武士』兵庫県立歴史博物館, 2004年

部落問題研究所編『部落史史料選集』第 1 巻古代中世編, 部落問題研究所出版部, 1988年

森公章「二条大路木簡中の鼠進上木簡寸考」『日本歴史』第615号, 1999年

②─流通体系の把握

網野善彦『中世の非人と遊女』明石書店, 1994年

石井進ほか校注『中世政治社会思想　上』岩波書店, 1994年

石野弥栄「『歯長寺縁起』の世界」『伊予史談』330, 2003年

宇佐見隆之「津・市・宿」佐藤信・吉田伸之編『新体系日本史 6　都市社会史』山川出版社, 2001年

榎原雅治『日本中世地域社会の構造』校倉書房, 2000年

笠松宏至ほか校注『中世政治社会思想　下』岩波書店, 1994年

金谷匡人『海賊たちの中世』(歴史文化ライブラリー56)吉川弘文館, 1998年

五味文彦・吉田伸之編『都市と商人・芸能民―中世から近世へ』山川出版社, 1993年

桜井英治・中西聡編『新体系日本史12　流通経済史』山川出版社, 2002年

日本史リブレット24

武士《ぶし》と荘園《しょうえん》支配《しはい》

2004年 9 月25日　1 版 1 刷　発行
2022年 5 月31日　1 版 6 刷　発行

著者：服部英雄《はっとりひでお》

発行者：野澤武史

発行所：株式会社 山川出版社

〒101−0047　東京都千代田区内神田 1 −13−13
電話 03(3293)8131(営業)
03(3293)8135(編集)
https://www.yamakawa.co.jp/
振替 00120-9-43993

印刷所：明和印刷株式会社

製本所：株式会社 ブロケード

装幀：菊地信義

 ISBN 978-4-634-54240-2

日本史リブレット　第Ⅰ期［68巻］・第Ⅱ期［33巻］　全101巻

1 旧石器時代の社会と文化
2 縄文の豊かさと限界
3 弥生の村
4 古墳とその時代
5 大王と地方豪族
6 藤原京の形成
7 古代都市平城京の世界
8 古代の地方官衙と社会
9 漢字文化の成り立ちと展開
10 平安京の暮らしと行政
11 蝦夷の地と古代国家
12 受領と地方社会
13 出雲国風土記と古代遺跡
14 東アジア世界と古代の日本
15 地下から出土した文字
16 古代・中世の女性と仏教
17 古代寺院の成立と展開
18 都市平泉の遺産
19 中世に国家はあったか
20 中世の家と性
21 武家の古都、鎌倉
22 中世の天皇観
23 環境歴史学とはなにか
24 武士と荘園支配
25 中世のみちと都市
26 戦国時代、村と町のかたち
27 破産者たちの中世
28 境界をまたぐ人びと
29 石造物が語る中世職能集団
30 中世の日記の世界
31 板碑と石塔の祈り
32 中世の神と仏
33 中世社会と現代
34 秀吉の朝鮮侵略
35 町屋と町並み
36 江戸幕府と朝廷
37 キリシタン禁制と民衆の宗教
38 慶安の触書は出されたか
39 近世村人のライフサイクル
40 都市大坂と非人
41 対馬からみた日朝関係
42 琉球の王権とグスク
43 琉球と日本・中国
44 描かれた近世都市
45 武家奉公人と労働社会
46 天文方と陰陽道
47 海の道、川の道
48 近世の三大改革
49 八州廻りと博徒
50 アイヌ民族の軌跡
51 錦絵を読む
52 草山の語る近世
53 21世紀の「江戸」
54 近代歌謡の軌跡
55 日本近代漫画の誕生
56 海を渡った日本人
57 近代日本とアイヌ社会
58 スポーツと政治
59 近代化の旗手、鉄道
60 情報化と国家・企業
61 民衆宗教と国家神道
62 日本社会保険の成立
63 歴史としての環境問題
64 近代日本の海外学術調査
65 戦争と知識人
66 現代日本と沖縄
67 新安保体制下の日米関係
68 戦後補償から考える日本とアジア
69 遺跡からみた古代の駅家
70 古代の日本と加耶
71 飛鳥の宮と寺
72 古代東国の石碑
73 律令制とはなにか
74 正倉院宝物の世界
75 日宋貿易と「硫黄の道」
76 荘園絵図が語る古代・中世
77 対馬と海峡の中世史
78 中世の書物と学問
79 史料としての猫絵
80 寺社と芸能の中世
81 一揆の世界と法
82 戦国時代の天皇
83 日本史のなかの戦国時代
84 兵と農の分離
85 江戸時代のお触れ
86 江戸時代の神社
87 大名屋敷と江戸遺跡
88 近世商人と市場
89 近世鉱山をささえた人びと
90 「資源繁殖の時代」と日本の漁業
91 江戸の浄瑠璃文化
92 江戸時代の老いと看取り
93 近世の淀川治水
94 日本民俗学の開拓者たち
95 軍用地と都市・民衆
96 感染症の近代史
97 陵墓と文化財の近代
98 徳富蘇峰と大日本言論報国会
99 労働力動員と強制連行
100 科学技術政策
101 占領・復興期の日米関係